程顺和

程顺和在南京农学院（现南京农业大学）读书期间

1962年大学毕业后去泰兴农场时的合影（后排左一：程顺和，前排右一：陈凤琳）

程顺和（右一）青年时期在田间工作

程顺和与夫人陈凤琳的结婚照

程顺和与夫人陈凤琳结婚50周年

程顺和与母亲魏育真（左二）、夫人陈凤琳（左三）和二儿子程晓忠（左四）

田间工作1

田间工作2

田间工作3(左六:陈道元,左七:程顺和)

20世纪80年代,程顺和所在的"三麦组"育种团队
(前排左二:陈道元,左三:毛坤一,右一:程顺和,后排左一:张伯桥,左三:陈志堂)

程顺和在温室考种

程顺和在小麦育种试验田观察记载

程顺和与助手讨论小麦的穗部性状（左二：张伯桥，右一：长子程晓明）

1992年5月20日，程顺和与CIMMYT小麦育种家、世界粮食奖获得者Sanjaya Rajaram交流

1999年，在CIMMYT的Toluka田间观察记载试验材料性状（左一：高德荣，左四：程顺和，左五：张伯桥）

参加全国小麦品种品质现场专家鉴评会(前排左二:程顺和)

2007年3月,程顺和出席全国政协第十届第五次会议

在天津市武清区考察小麦品种(左起:万建民、刘旭、王连铮、庄巧生、董玉琛、程顺和、辛志勇)

2012年,程顺和与国内同行赴巴西考察小麦赤霉病

2013年2月22日,时任江苏省委书记罗志军(中)为2012年江苏省科学技术突出贡献奖获得者颁奖(左一:黎介寿院士,左三:程顺和院士)

2014年6月,中国工程院农业学部全体院士合影(二排左三:程顺和)

2014年，程顺和在西藏进行小麦种质资源考察

2015年，与赵振东院士（左一）在山东省农业科学院试验地交流

2015年8月6日,程顺和在河南郑州创办第一届"黄淮麦区小麦遗传改良高峰论坛"的合影

2016年5月11日,在河南省农业科学院南阳小麦赤霉病鉴定基地讨论抗赤霉病育种技术(左四:程顺和)

2017年3月,程顺和与学生们在一起

2019年，程顺和手术康复后在试验田间与高德荣交流"扬麦"抗赤霉病育种方向

江苏省农业科学院杰出专家系列丛书

程顺和传

江苏省农业科学院 编

徐良文 执笔

中国农业科学技术出版社

图书在版编目(CIP)数据

程顺和传 / 江苏省农业科学院编 . -- 北京：中国农业科学技术出版社, 2024.8. -- (江苏省农业科学院杰出专家系列丛书 / 易中懿主编). -- ISBN 978-7-5116-6887-5

Ⅰ . K826.3

中国国家版本馆 CIP 数据核字第 2024SV0557 号

江苏省农业科学院出版物奖励扶持专项资金资助出版

责任编辑	李冠桥
责任校对	王　彦
责任印制	姜义伟　王思文
资料整理	安　然

出 版 者	中国农业科学技术出版社
	北京市中关村南大街 12 号　邮编：100081
电　　话	（010）82106632（编辑室）　（010）82106624（发行部）
	（010）82109709（读者服务部）
网　　址	https://castp.caas.cn
经 销 者	各地新华书店
印 刷 者	北京地大彩印有限公司
开　　本	170mm×240mm　　1/16
印　　张	14.5　彩插 20 面
字　　数	300 千字
版　　次	2024 年 8 月第 1 版　2024 年 8 月第 1 次印刷
定　　价	120.00 元

◀———— 版权所有·翻印必究 ————▶

《江苏省农业科学院杰出专家系列丛书》
编委会

主　　编：易中懿

副主编：孙洪武　王克华

编　　委：易中懿　孙洪武　王克华　苏国东　顾　军
　　　　　李国锋　李　彬　张　腾　辛红霞

前 言

九十多年来，江苏省农业科学院在江苏乃至中国农业科技发展史上留下了光辉的篇章。江苏省农业科学院以服务"三农"为宗旨，以创新驱动发展核心战略为主线，深化实施"质量导向、内涵发展、人才优先、开放合作、文化聚力"五大战略，不断提升科技创新能力、成果转化能力和服务"三农"能力，经过几代科技工作者的不懈努力，一批批农业科技成果的形成和转化，推进了江苏省农业科技和农业生产向高产、优质、高效、生态的目标不断发展进步，为粮食安全和农产品有效供给发挥了历史性作用，为江苏新农村建设和城乡发展一体化、率先全面建成小康社会、率先基本实现现代化作出了积极贡献。

江苏省农业科学院的前身是1931年中华民国政府在南京创建的中央农业实验所。围绕当时我国农业生产组织开展科研活动和农业改进工作，组建了学科建制相对完整、科技精英齐聚一堂、学术水平全国最高的国家级农业科研机构，开创了中国近代农业科学研究之先河。

中华人民共和国成立后，江苏省农业科学院在党中央及省委、省政府的领导下，牢记"国之大者"，坚持"四个面向"，组织科技人员围绕"三农"问题开展科技攻关，为各时期农业发展作出了突出贡献。

20世纪50—60年代，水稻专家周拾禄主持的"沤改旱""旱改水""籼改粳""单改双"的耕作制度改革，对促进全省粮食增产、调整农业生产结构具有深远而重大的战略意义。农民科学家陈永康用"一穗传"选种法选育成功的水稻"老来青"良种，解决了高产水稻的倒伏问题；他的"三黄三黑"高产稳产栽培技术，经杨立炯等一批专家研究总结，形成了具有我国特色的水稻栽培理论，为全国水稻大面积高产稳产作出了卓越贡献。植病专家朱凤美在麦类黑穗病、线虫病、水稻稻瘟病、白叶枯病、纹枯病等防治方法的研究上取得了开创性成果，他将菌类分类与病害诊断研究结合起来，为病害防治研究奠定了基础。棉花专家朱烨主持研究的棉花营养钵育苗移栽技术，缓解了棉麦两熟栽培矛盾，至今仍在农业生产中广泛应用。

20世纪70—80年代，甘薯专家盛家廉开创了甘薯有性杂交育种，主持育成的高产抗病新品种"徐薯18"获得国家发明奖一等奖，为我国甘薯生产发展和科技事业作出了重要贡献。农业经济学专家孙颔等主持中国综合农业区划研究，其中一系列合理利用资源、发展农业的战略性建议大多被政府采纳。中国工程院院士卢良恕选育的"华东6号"等系列小麦优良品种和南方小麦产区合理密植增产配套技术，推动了南方及淮北地区小麦生产的发展。油菜专家傅寿仲研究员主持育成的高产油菜品种"宁油7号"、双低杂交油菜"宁杂1号"，在长江流域广泛推广，实现了油菜品种的更新换代。植保专家杜正文领衔的课题组，联合全国200多个协作单位，对稻飞虱的迁飞规律和综合防治技术进行攻关研究，从根本上改变了褐稻飞虱防治的被动局面，获得国家科学技术进步奖一等奖。兽医学家何正礼成功分离鉴定猪支原体肺炎168株强毒株，后经几代科学家的克隆培养，成为世界上第一个在猪场广泛应用的猪气喘病活疫苗。

20世纪80年代，小麦专家程顺和主持育成小麦新品种"扬麦5号"，突破了丰产和广适结合的育种难题，累计推广面积1.39亿亩①，是我国20世纪90年代初期种植面积最大的品种，1991年获国家科学技术进步奖一等奖。20世纪90年代，程顺和又主持育成"扬麦158"，在产量上大幅度突破，并初步解决了抗赤霉病和大面积丰产结合的世界性难题，是长江中下游历史上推广速度最快、覆盖率最高的小麦品种，累计种植面积1.51亿亩，1998年获国家科学技术进步奖一等奖。

进入21世纪，邹江石研究员主持育成的我国第一个两系法超级稻品种"两优培九"，先后通过湖南、湖北等6个省及国家审定，种植遍及西至四川，东至江苏沿海，北起陕西汉中，南到海南三亚的16个省、

---

① 1亩≈667平方米，全书同。

自治区、直辖市，成为继"汕优63"以来第二个在我国种植面积最大的杂交稻品种。赵亚夫研究员创建的"万山红遍"科技示范园和可推广复制的"戴庄模式"，成为江苏省农业科技服务的典型路径，他的生态、高效农业产业理念和土地入股的农业经济合作社模式，探索了新农村农民致富的好路子，显著带动了农民的增收增效。

江苏省农业科学院九十多年的发展史，是一部始终按照党和政府的要求，坚持改革创新，立足长远发展的科技创新史；是一部提升农业科技创新水平，促进农业科研转型升级，为江苏省乃至全国的"三农"建设的科技服务史；是一部几代农业科技工作者耐得住寂寞、不断开拓、勇于进取的科技创业史。

同时，江苏省农业科学院的发展史也是一部人才辈出，杰出专家不断涌现的光荣史。先后涌现出开创我国近代农业科学的中国第一代农学家沈宗瀚、钱天鹤、朱凤美等，中华人民共和国成立以后蜚声海内外的杰出农学家梅藉芳、周泰初、崔继林、何正礼、邹江石、程顺和、赵亚夫、马代夫等，首批中国科学院学部委员盛彤笙、杰出农民科学家陈永康、中国工程院院士卢良恕、杰出农业经济学专家孙颔等，许多国内外知名专家学者也曾在这里留下深深的足迹。

为了进一步弘扬"爱国、创新、求实、奉献、协同、育人"的科学家精神，弘扬农业科技工作者开拓进取、献身科技的精神风尚，客观记载他们为"三农"建设发展创造的宝贵物质财富和精神财富，营造尊重科学、尊重人才的良好氛围，江苏省农业科学院决定策划出版杰出专家系列丛书，重点介绍江苏省农业科学院为农业科技发展作出贡献的杰出专家及其科技创新成就，展示他们在农业科技领域的引领性学术价值和对"三农"工作的科技贡献。

本系列丛书以杰出专家在着力解决制约江苏省乃至全国农业发展中的重大科技问题，加快推进农业科技进步，促进江苏省农业持续高效发展中的科技创新为主线，采用纪实手法，多角度、全方位展示他们的精神风貌及其先进事迹，重点介绍他们的成长、工作经历、专业特长、创新思维、科学成就、主要贡献、优秀品格等，客观评价他们对科技进步和"三农"工作的贡献。

本系列丛书力图从历史角度客观地记载和讴歌江苏省农业科学院杰出专家的风采和道德风范。虽然他们从事的科研工作不同，经历各异，但是，崇高的理想、坚定的信念、科学的价值观和为世人称道的道德风范是这个专家群体的共同特点，热爱祖国、开拓进取、献身科技、奋力攀登、敢为人先、甘当人梯的奉献精神值得广大科技工作者代代相传。

本系列丛书旨在弘扬一种敢于担当的精神风尚，传播一种谋事要实、创业要实、做人要实的正能量。他们对事业无限忠诚、对事业执着追求的崇高情怀，尽职尽责、精益求精、争创一流的敬业精神，公而忘私、乐于奉献、舍小家顾大家的高风亮节，大公无私、淡泊名利、艰苦奋斗的高尚情操，不断进取、积极探索、求实创新的开拓意识，为后来人留下了一笔宝贵的精神财富，尤其值得青年农业科技工作者学习借鉴。

本系列丛书是一套严肃规范、内容准确的经典性传记，具有系统地集锦科学成就、珍储科学史料的档案功能，具有很高的和长期保存使用价值。同时，也将在传播科学精神和科技知识，培育全社会科技创新意识，树立热爱科学的社会风气和文化氛围，弘扬百花齐放、百家争鸣、追求真理、实事求是的学术传统和规范，推动科技与"三农"建设发展发挥重要和深远的影响。

巍巍钟山，滔滔大江。回望九十多个春秋，江苏省农业科学院历经几代人的艰苦奋斗，谱写出一部规模宏大的近代农业科技发展史诗，奏出了一曲令人荡气回肠的服务"三农"建设乐章。希望本系列丛书的面世，能够进一步激发农业科技工作者服务"三农"工作热情，继承老一辈杰出专家的优良传统，不忘初心，继续前进，勇攀农业科技高峰；聚力创新，聚焦富民，为推进在农业现代化上走在前和高水平建设农业强省谱写更为瑰丽的华彩篇章！

丛书编委会

程顺和简介

程顺和（1939年9月2日—2024年4月10日），男，汉族，江苏溧阳人。九三学社第十届中央委员、第十届全国政协委员、作物遗传育种学家、中国工程院院士、江苏里下河地区农业科学研究所研究员。1962年9月参加工作，先后在泰兴县农业局、扬州农业学校、扬州地区"五七"干校工作，1973年3月调入江苏里下河地区农业科学研究所工作，1995年7月加入九三学社，2005年当选中国工程院院士。

1962年从南京农学院（现南京农业大学）毕业后，一直从事小麦遗传育种工作。先后参与育成扬麦3号、扬麦4号，主持育成扬麦5号、扬麦158等小麦系列品种30多个。其中扬麦5号和扬麦158分别于1991年、1998年获国家科学技术进步奖一等奖，成为我国20世纪80年代末和90年代末种植面积最大的品种。扬麦158的育成初步解决了世界小麦育种中广适高产与抗赤霉病相结合的难题，并在此基础上育成了我国首个抗赤霉病大面积丰产品种扬麦33。他提出构建"以广适高产育种为基础，滚动回交结合遗传标记的聚合育种为先导"育种体系的思路，将一系列抗白粉病新基因导入大面积品种，育成抗白粉病、中抗赤霉病系列小麦品种。扬麦13、扬麦15、扬麦30、扬麦34等作为弱筋小麦主体品种被广泛种植。扬麦系列品种累计推广面积7亿多亩，是中华人民共和国成立以来长江中下游小麦品种第四、五、六次大面积更换的主体品种。

程顺和是我国小麦育种领域重要的学科带头人，他提出的系列育种观点和方法被成功应用于实践，为我国的小麦育种事业作出了重大贡献。主编《中国南方小麦》《小麦赤霉病研究》专著。先后荣获国家科学技术进步奖一等奖2项、国家科学技术进步奖二等奖和三等奖、农牧渔业技术改进奖一等奖及中华农业科学技术奖一等奖各1项、江苏省科学技术进步奖二等奖3项、中华农业科学技术奖二等奖2项。曾任农业部（现称农业农村部）小麦生物学与遗传育种重点实验室主任、国家小麦现代农业产业技术体系功能研究室主任、河南粮食作物

协同创新中心首席科学家,为推动我国粮食增产和小麦产业发展作出了突出贡献。先后被评为国家有突出贡献中青年专家、国家"863计划"十五周年先进个人、全国优秀科学技术工作者、九三楷模、中国种业十大功勋人物、中华人民共和国成立60周年江苏省十大杰出科学技术人物、江苏省农业科学技术功臣,荣获何梁何利基金科学与技术进步奖、中华农业科教基金奖、江苏省科学技术突出贡献奖、首届国际种业科学家奖。

目录

序 章 … 1

第一章　生逢乱世 … 5

第二章　中学时代 … 17

第三章　求学金陵 … 25

第四章　在大学的日子 … 35

第五章　泰兴良种场 … 45

第六章　种子和爱情 … 57

第七章　农校六年 … 73

第八章　初到农科所 … 81

第九章　道路和选择 … 93

第十章	"三看"理论	105
第十一章	"要想发，扬麦158！"	125
第十二章	光环的背后	141
第十三章	两件大事	153
第十四章	从吃得饱到吃得好	163
第十五章	当选院士	175
第十六章	"南上北下"斗赤霉	187
第十七章	壮士何惧生与死	197
尾声	春到百合园	211
后记		219

序 章

这是你的愿望，也是我的愿望

这天是2014年的5月15日，北京人民大会堂。

历时近一年的"中国种业十大功勋人物"评选活动落下帷幕，今天将在这儿举行颁奖推介活动。

这十大功勋人物都是中国育种界的翘楚，由"杂交水稻之父"袁隆平领衔，来自古城扬州有着"南方麦王"之称的中国工程院院士程顺和占据一榜。

初听到获奖消息时，程顺和心中不免有些忐忑。一辈子献身小麦育种，在土地上默默耕耘，辛勤劳作，当初朴实的想法只是想能多打粮食，让国家的粮食充足，让老百姓吃上饱饭，过上好日子，并没有想到能在76岁时获得业界"功勋人物"的殊荣。

程顺和的获奖与他选育扬麦系列小麦品种密不可分。在给程顺和的颁奖词中这样写道：

他参与育成的扬麦3号、扬麦4号和主持育成的扬麦5号、扬麦158等小麦系列品种19个。扬麦5号、扬麦158分别于1991年、1998年获得国家科学技术进步奖一等奖，是我国20世纪80年代末和90年代初种植面积最大的小麦品种。扬麦158初步解决了世界小麦育种中广适高产与抗赤霉病、白粉病的难题。他育成的小麦品种累计种植面积6亿多亩，是中华人民共和国成立以来长江下游小麦品种第四、第五、第六次大面积更换的主导品种。

可以说，自20世纪70年代以来，长江中下游小麦产区种植的基本都是程顺和参与和主持育成的扬麦系列良种，直接帮助农民增产粮食200多亿公斤①，增加经济效益350多亿元。

粮食安全事关国策，14亿国人的吃粮问题是治国安邦的头等大事。

仓廪实、天下安。中华人民共和国成立之初，毛泽东主席就说过："吃饭是第一件大事。"手中有粮，心中不慌；脚踏实地，喜气洋洋。

党的十八大后，习近平总书记多次强调：悠悠万事、吃饭为大。只要粮食不出大问题，中国的事就稳得住。他还说："中国人的饭碗任何时候都要牢牢端在自己手上，我们的饭碗应该主要装中国粮。"

然而，"粮安天下，种铸基石"，没有优质的种子，就没有丰产的粮食。特别是现代农业生产条件下，对种子的需求更为迫切。

评选"中国种业十大功勋人物"，是中国育种界的第一次，史无前例。

荣誉来得稍迟，但却是对育种人付出青春、付出汗水的肯定。

当程顺和踏上人民大会堂的石阶，仰望庄严的国徽，再回望人潮涌动的天安门广场，随风飘扬的五星红旗，不免心潮激荡，眼角沁出泪花，他忽然记起艾青的诗句：为什么我的眼里常含泪水？因为我对这片土地爱得深沉……

颁奖舞台上灯火辉煌，主持人端上来三碗面条，请程顺和当场品鉴这三碗面条分别是用哪里的小麦面粉做成的。程顺和饶有兴致地品尝了面条，细嚼慢品，凭着口感辨别三碗面条的软硬度，准确说出了三种小麦的出处，现场报以一片掌声。

葛浩新是安徽省阜阳市的种粮大户，流转1万多亩土地，一年生产的粮食有1.5万多吨。得知程顺和在北京后，他和组委会取得联系，从地里采下长势良好的扬麦系列小麦赶到颁奖现场，主持人将他请上舞台，他把包好的一束麦穗像献花一样献给程顺和。这个憨厚朴实的农民说："我换了几个品种，最后才找到了扬麦系列。我一定要来当面感谢您！"

程顺和接过金灿灿的麦穗，和葛浩新紧紧拥抱。

在台下时，程顺和与葛浩新闲聊，问他对"扬麦"有什么要求。

---

① 1公斤=1千克，全书同。

葛浩新说："当然是希望产量高、品质好，做出来的面点吃起来香喷喷。"

葛浩新的话敲打着程顺和的心弦，作为一个农业科学家，农民的需求就是自己科研的方向，产量、品质缺一不可。现在种植小麦不仅要有高产量、高产出，还要有高品质，既要吃得饱，又要吃得好，这才是育种人追求的目标。

程顺和对葛浩新说："我答应你，一定朝着这个目标努力，既要高产量，又要高品质。现在'扬麦'在试验田的产量已超800千克/亩，我希望在不久的将来你的大田也能达到这个产量。"

葛浩新激动地说："那敢情好！"

一个农民和一个农业科学家的手紧紧握在一起，程顺和再次对葛浩新说："我们一起努力，朝着这个目标奔跑，这是你的愿望，也是我的愿望！"

舞台大屏幕上出现一片希望的田野，麦浪翻滚，金波起伏，一望无垠……

幸福的歌声响在耳畔：我们的家乡，在希望的田野上，炊烟在新建的住房上飘荡，小河在美丽的村庄旁流淌，一片冬麦，那个一片高粱……

程顺和眼睛再次湿润了，情感的波涛在汹涌……

第一章 生逢乱世

1

时空倒转，星河回旋。

公元1939年，农历己卯年，中国溧阳。

虽还没听到枪炮声，但日军即将再次扫荡溧阳城的消息已传开。人们开始从城镇逃往乡村，又从乡村逃往山野，到处可遇见跑反的人群。襁褓中的婴儿本应睡在摇篮里，倾听着母亲温馨的歌谣"摇呀摇，摇到外婆桥"，现在却被同包袱一起放在米箩中。米箩两只，一前一后串在扁担上，扁担压在舅舅魏吟川的肩上，一副担子就是全部家当。婴儿惊恐地睁开眼睛，看着这个纷乱的世界，眼前的景象都在跳荡旋转，耳边充斥着脚步声、物品撞击声，人们的催促、哭骂以及呻吟声，还有水牛、毛驴低沉的叫声。箩筐中的婴儿皱皱眉撇撇嘴，想要哭出声来，一只女人的手伸过来轻轻摩挲他的脸蛋，那是母亲魏育真的手，指间温柔，婴儿咂了咂小嘴，闭上眼，在一路摇晃中安然睡去。

人的一生常常面临诸多选择，甚至人的诸多苦恼往往即来源于选择。然而，一个人降生于何时、何地、何种家庭，却是半点也不由人的。如果出生可以选择的话，相信没有人愿意生在贫穷之境，也没有人愿意生于战乱之时，然而，我们的主人公却偏偏身不由己地在那个不幸的时代和环境中来到了这个世界上。

这是1939年的世界，人类生存的这个星球正在战火中煎熬，整个世界动荡不安，战火四起，硝烟弥漫，史称第二次世界大战。德意日三个帝国的首脑发疯了，把强盗的手伸进和平国家的口袋，意在抢夺战略生存资源，瓜分奴役世界。弱肉强食，利益永远是战争的导火索。从欧洲到亚洲，从大西洋到太平洋，先后有60多个国家和地区、20亿以上的人口被卷入战争。据不完全统计，战争中士兵和居民伤亡9000余万人，价值5万多亿美元的财产灰飞烟灭。

溧阳，这座中国南方的水乡小城也没能避免。1937年12月1日，

日军第一次攻占溧阳。其后两年，在中国抗日力量的抵抗和袭击下，日军在溧阳城几进几出。各方拉锯，你攻他退，兵燹之下，难有完卵，普通百姓生活朝不保夕，提心吊胆。面对日寇的疯狂屠杀，人们不得不抛家舍业躲避战火，躲鬼子跑反成为老百姓家常便饭，鬼子来，百姓跑；鬼子走，百姓回。

9月2日，在江苏溧阳五荡湾村的一间村舍中，一个男婴呱呱坠地。他不是降生在自己家里，而是出生于逃难途中。他的家原本在溧城镇一座青砖灰瓦的民宅中，叫杨家院，可是日军来了，身怀六甲的年轻母亲不得不跟着乡亲们跑反，她拖着怀有身孕的身子，跟随着老人们蹒跚的脚步，夹杂在拖家带口、前挑后扛的跑反人流中，到达五荡湾村时，她撑不住了，在一间农家茅舍的土炕上生下了第一个儿子。

虽然时局艰难，家人仍满怀希冀，给这个新生儿取了一个美好的名字——程顺和，顺心顺利、和睦和平，这是乱世中人们对未来生活的真切向往。在那个遍地焦土、满目疮痍的年代里，家人只是本着对新生命自发的祝福而取了这个名字，谁也没有预想到这个新生儿日后的成就，更不会想到有一天他会成为声名远播的南方麦王。

生逢战乱，他人生的历程就这样在悠悠荡荡的米箩中，在跑反路上，在与敌寇的周旋中开始了。中国自古就有这样一句话："3岁看大，7岁看老"，或许，程顺和长大成人后那吃苦耐劳的作风和坚忍不拔的性格同他这段童年的经历有关。

2

程顺和的家其实是富裕人家。他的祖父是黄山徽州人氏，由安徽来到溧阳经商。徽商之名天下传，顺和的祖父也善于经营，在溧阳城置办了商铺买卖，又在乡下购置了田地，家境算得殷实。但在战火袭扰之下，即使是富裕之家也难以摆脱性命堪虞的威胁。

在动荡不安的环境中程顺和长到2岁，这时，父亲程洪泉与祖父分了家。不仅分了家，祖父甚至登报声明，与程洪泉脱离父子关系。就这样，程顺和一家三口被从祖父的大家庭中赶了出来。

幼小的程顺和自然弄不明白，祖父为什么这样做。等到程顺和长大些后，在母亲的叙述中渐渐知晓，原来父亲并非祖父亲生，而是养子。因为大奶奶不能生养，祖父为了继承家产便领养了父亲。后来祖父纳了妾，二奶奶接二连三生儿养女，有了亲生子女后，年轻貌美的二奶奶枕头风一吹，祖父对父亲的态度发生了微妙变化。父亲心中不爽，又不会夹着尾巴做人，时常与祖父顶撞，就这样父子反目，嫌隙渐生，以至于发展到水火难容。

血缘之亲是无可比拟的，祖父有了自己的亲生骨肉，加上老头子惜财如命，便日渐觉得养子多余，一个悭吝成性，一个热血愤懑，尤其是养子成家生子之后，不知俭省，开销甚费，祖父再也无法容忍，于是乎分房隔户，一纸声明见报，从此视为路人。

分家之后，父亲程洪泉在布店做事，按说一般的生计也能维持得下去，可他打小过惯了富家子的生活，仍耽于享乐，把媳妇魏育真的劝说也全当耳旁风，日子过得捉襟见肘。顺和3岁时，家中添了弟弟家和，四口之家日子过得越发拮据。时间一长，父亲终于郁闷成疾，髋骨地方不知长了什么东西，进医院、看大夫，花了不少钱却诊不出个子丑寅卯来，只是病情越发沉重，为了看病，渐渐地把家里一点值钱的东西全都典当个干净。终于，在顺和5岁那年，程洪泉卧床不起，撒手人寰。

父亲的死对小顺和来说是懵懂的，一个朝夕相处的活生生的人忽然没有了，再也不见了，这在他心里引起极大的不安和恐慌。幼小的他不知道，在那种穷苦世道，死去未必痛苦，活着才是煎熬。父亲是解脱了，却将人财两空的苦境留给了孤儿寡母。

兵荒马乱的年月，一个年轻妇人失去了丈夫，还带着两个年幼的孩子，那该是怎样的日子？虽然母亲魏育真是个刚强要脸面的女人，可是为了两个年幼的孩子，她不得不放下脸面去孩子的祖父家求告，希望得到一点帮助。祖父倒是想给她们母子一些接济，可是二奶奶却甩着脸，斜瞪着眼，绝情地将她们母子3人赶出家门。魏育真寒了心，断了念想，指天发誓从此再不认这门亲。

祖父家为富不仁，反倒是一些穷苦街坊邻居同情这母子3人，力所能及给一点帮衬，邻居还帮着魏育真介绍针线活。从此，魏育真起早贪黑地给人缝补浆洗，到处帮佣打零工，日军不来扫荡的时候，她便去前街旅社门口支个小烟摊，边卖烟边做缝补，娘仨以此糊口度日。

母亲魏育真的娘家也在溧阳，小时候家境过得还算宽裕，家中有五朵金花一棵玉树，魏育真在姐妹中排行老四。她小时候上过学，从小脑筋好，爱学习，成绩也好。小学毕业时，她还同一批同学一起，从溧阳跑到镇江去考师范，一共去了三十几个孩子，她考了第一名。可是外祖父认为女孩子早晚是别人家的人，识几个字就够了，用不着读那么多书，便不让她再去镇江读书。为此，母亲背地里不知流了多少眼泪。那次考试只录取一个名额，第一名放弃，便把考第二名的同学录取了，那个男同学后来成了溧阳县人民医院的院长。程顺和上学后，母亲饭后唠叨，和他回忆起这些往事就感慨不已，她把自己当年的理想全部寄托在儿子身上，希望儿子能学业有成，弥补自己当年的遗憾。

母亲的几个姐妹长大后分散各地，有的嫁往宜兴，有的留在溧阳。魏育真和五妹及小弟魏吟川在溧阳生活，五妹嫁给了一个开药铺的，夫妻俩都很和蔼，小弟魏吟川做学徒。那年月，程顺和外祖父一家日子过得也很艰难。程顺和父亲亡故后，许多亲戚都像避瘟神一样避着他们，有些给予资助的，也只能救急不救穷，何况战乱不断，谁都是自身难保，生活还得靠自己。母亲魏育真是个明事理且吃得了苦的人，她用赢弱的身板苦苦撑起了一个家。

日子过得极为清苦，食物短缺，常常是吃了上顿没下顿。程顺和与弟弟都处于生长期，每天却只能以野菜稀饭充饥，野菜还算美味，有时全家人只能蘸几粒盐巴，喝下能照见人影的稀饭。这样的食物自然不能满足生命的成长，顺和的身子单薄瘦小，皮包骨头，他渴望能吃饱，时常在肚子饿得咕咕叫时幻想能吃上一顿饱饭。一天早晨醒来，他急迫又委屈地告诉母亲自己做了一个梦，梦见过年，梦见桌上摆着满碗白花花的米饭、馒头，还有肉和鱼，他心花怒放地等着开饭，可是母亲一直忙这忙那怎么也坐不下来，他只有眼巴巴地望着，望着，

心里急得冒火，趁母亲不注意就去桌上抓肉吃，一抓梦醒了。母亲一边听他叙说，一边心疼地轻抚孩子天真的小脸，心里阵阵发酸。

女人的心到底软些，大奶奶看孙儿饿得可怜，避开二奶奶，偶尔偷偷叫小哥俩过那边去吃一顿饭，但也只能给一碗，吃完不可再添，也不许乱说乱跑，规矩森严，而母亲是绝对不能去的。

为了多赚些钱养家，魏育真起早贪黑不辞辛苦，夜晚她不得不把孩子哄睡了留在家中，自己到旅社门前去摆烟摊。他们住的那个房子一共两间，中间一条过道，另一半是别人家的。挨在旁边还有一间被战火损毁的房屋，断垣残壁黑乎乎，看着吓人。一天夜里，小顺和从梦中醒来，只见四周一团漆黑，家中阒寂无人，不由心生恐惧。他一骨碌从破席上爬起来，光着屁股就跑出门去，两只小脚丫踏着石板街，边跑边哭喊着："妈妈——妈妈——"

在旅社门前卖烟的母亲听见顺和的喊声，看到光着屁股跑过来的儿子，心里一紧："顺和，怎么啦？"小顺和抹着眼泪说："妈妈，我怕……"母亲连忙哄哄儿子："别怕，别怕！哎，你弟弟呢？"赶忙收拾烟摊往家赶，没进家门就听见弟弟摔在床下大哭……

3

程顺和的幼年在残酷的战争、家庭纷争和至亲亡故中度过，着实乏善可陈。然而，就像植物总是向光向水，无论环境多么艰难，人的生命也总在追求美好和愉悦。这一方面缘于他乐观的天性，更重要的是受母亲魏育真的教育和影响。

夏夜漫长，酷热难当，魏育真就在院子里铺张芦席，摇着蒲扇给孩子们讲故事，孟母三迁、周处斩蛟，小顺和与弟弟围在母亲身旁听得津津有味，不停问这问那。大自然是最好的课堂，顺和充满好奇心，常常与小伙伴们捉虫玩，逮蛐蛐、捉萤火虫，这时，母亲便给他讲促织、萤囊夜读、凿壁偷光的故事……流传千古的传统文化就这样在母亲娓娓亲切的絮语中，渗透到孩子的心里和梦里。

儿时的程顺和对一切未知充满好奇，他常常缠着妈妈问东问西，慈祥贤惠的母亲总是耐心地回答他。她谆谆教导孩子，要有志气，流自己的汗，吃自己的饭，做人堂堂正正；要自强自立、刻苦读书，从小立大志，长大才会有出息。这些教导潜移默化地渗入程顺和的血液中，成为他不断成长的营养。

程顺和也有顽皮的一面，也有令母亲感到头痛的时候。

有一次，母亲好不容易攒钱给他买了一双小球鞋，鞋底是橡胶的，晴雨天都能穿，母亲让他上脚试试，他把新鞋子穿在脚上，觉得又漂亮又轻巧，开心得一蹦老高，可母亲看了却说买得不好，鞋子大了些，要他脱下来拿去换。他实在不舍得脱，怕脱下来新鞋子就没有了，眼睛一转，看到旁边的水塘，便跑过去穿着鞋子在水塘的泥里踩，新鞋湿了脏了，没办法再拿去换。母亲嗔怪地看着这孩子，不知该笑还是该恼。

祖父家后来人丁兴旺，有大叔、二叔、三叔，都是祖父纳了二奶奶后生的。三叔和程顺和年岁相仿，玩得来，常常叫着他一起出去皮、出去野、上山捉虫、下河游泳、街巷撵狗、院里抓鸡，孩子群里打架。溧阳地处丘陵山区，湖如星落、河似环带。溧阳城内有几条大河，离他家不远处便有一条，虽然大人三令五申不能下河，可是小孩子们还是常常偷偷摸摸去游泳玩水。

扑通！扑通！光着屁股从桥上往水里跳，或者像飞鱼般跃起，再一个猛子扎进水里，是孩子们最开心的游戏，谁的动作难看，谁潜得最深，谁不小心碰了头磕了腿，都让他们兴奋得手舞足蹈，哇哇大叫，笑声与浪花齐飞。河里扎着木排，都是山上伐下的原木，一根挨着一根扎紧了，一片片地漂浮在河面，小孩子们最爱从木排上往水里跳，可弄不好一个猛子扎到木排下面，搞不清方向就浮不起头来，每年都有小孩因此而溺水。

小顺和去游泳是最让母亲悬心的一件事，可母亲再严厉也无法阻挡顺和对游泳的向往。常常是母亲前脚才走，他就与一帮小伙伴们奔向河边，脱下裤裆一个猛子扎进水里，划狗刨、打水仗、撵鸭子、捉鱼、摸螺蛳河蚌……玩得不亦乐乎。直到上了岸向家里走时，心情才忐忑起来，心想，可别被妈妈发现才好。但是细心的母亲常常识破了

儿子，下过水的皮肤用指甲一划，便有一道白痕，一旦被母亲发现他又下了河，少不了挨一顿"毛竹烧肉"，边打边吓唬："叫你不要去！你怎么就不听！"打在儿子屁股上，疼在母亲心里，儿子是母亲的心肝宝贝，万一下水有个闪失，你让我怎么过？但是，挨打挡不住游泳的诱惑，小叔躲在墙角一招手，他又风一样地跟着向河边跑，溧阳周边的那几条河，都留下过他童年翻腾的身姿。

　　儿童亲近自然的天性，如种子发芽、幼苗破土一般不可遏制。在艰困的世道中、在贫瘠的环境里，程顺和生命的种子也顽强地发芽、生长着。

4

　　程顺和6岁那年，日军投降了。

　　消息传得飞快，溧阳城沸腾了，人们奔走相告，欢欣鼓舞。母亲魏育真脸上也露出了久违的笑容，因为，战争结束了，日子就太平了，再也不用跑反了。然而，3天后溧阳城又响起了枪声。激烈的枪炮声响了一天一夜，程顺和依偎在母亲怀里，惊恐地张着眼睛，不知道发生了什么。原来，是国民党当局命令驻扎溧阳的日军与伪军不得向共产党领导的抗日武装投降，原地等待蒋介石的军队来受降，江南新四军被迫向拒降的日伪军发动进攻。8月18日晚间，司令员王必成指挥的新四军苏浙军区一纵队二、三支队，联合溧阳地方武装攻打溧阳城，逼迫小日本缴械投降。这一战打得惊天动地，当时城中驻有日军百余人，伪军3000人，因其工事坚固、武器精良，新四军打了一天一夜也未能攻下。而此时从宜兴方向又来了日军炮火增援，空中有日机轰炸，新四军为避免伤亡过大，不得不暂时后撤。

　　短暂的宁静后，战斗再次打响，8月21日，新四军大军压境，溧阳城的日军及汪伪乘汽艇由水路逃往宜兴。这一仗新四军消灭汪伪一个师，日军多人伤亡。22日，溧阳城光复。

　　光复后的溧阳开始平静下来，恢复了日常秩序，魏育真决定送6岁的小顺和去上学堂。魏育真知书达理，她明白孩子要有前途就必须读书，知识改变命运，自古做大事的都是读过书的人。虽然家境极为困难，她还是想尽一切办法供顺和上学。晚上待香烟摊收摊，魏育真又拖着疲惫的身躯在油灯下，用碎布为小顺和缝制书包。起初，小顺和还依偎在母亲身边看，看母亲飞针走线，看着看着就进入了梦乡。第二天顺和醒来时，见一个漂亮的书包已经放在床头，书包里装满母亲对儿子的希望和浓浓的爱。过去多年，岁月已老，可母亲缝制书包的情景依然深深地印在程顺和的记忆中，挥之不去。

程顺和就读的小学位于溧阳南门附近的彭氏祠堂里，是溧阳彭氏家族在抗战期间办起来的，校名就叫"彭氏小学"。

彭氏家族是溧阳城内的名门望族，世称"溧阳南门彭氏"，溧阳五大姓"彭马史狄周"中，彭氏排在第一位。

程顺和上学后曾多次听学校老师向他和同学们讲述彭氏家族的故事，鼓励程顺和等年幼学子以先贤为榜样，刻苦学习，将来报效国家、报效家乡。

溧阳彭氏家族始祖为彭显，祖籍江西，是宋代名臣学者彭龟年的四世孙，于宋末迁居溧阳。后因彭显的五代孙彭效迁居南门，子孙兴盛，这才有了"溧阳南门彭氏"的说辞。南门彭氏文风特盛，自明末至晚清，先后高中进士者有十余人，功名发达，影响深远，迁徙江南各地的彭氏皆奉"南门彭氏"为"正溯"。至今，溧阳南门彭氏的家谱还被收藏在美国和日本的博物馆中。南门彭氏中尤以明末清初的彭会淇先生为著名，他不仅才华横溢、诗文俱佳，为官也颇有建树，历任康熙朝国子监司业、工部侍郎。国子监是中国古代国家设立的最高学府和教育行政管理机构，司业是国子监的副长官，掌儒学训导之政。虽官居高位，彭会淇仍服旧衣、饭粗食，乐于诗书，不慕荣利，康熙帝感其事迹，御笔亲题"朴学堂"匾额相赠，以示表彰。

彭会淇的另一功绩就是撰写《募修疏》倡议重修溧阳城内的文昌阁。文昌阁是供奉文昌帝君之所，关乎一地的文脉文运，重修文昌阁意在注重教育。彭氏的后人也正是承续了先祖的治学精神，深知国难尤需培养后生，因此在抗战期间仍积极筹办教育，救国救民，在彭氏祠堂内办起了这所彭氏小学。

彭氏祠堂虽经战火熏染，幸而未被破坏，雕梁画栋仍在，大门两侧的抱鼓石雕刻精美，小顺和在这样一种历史积淀和文化氛围中学习，自然也是格外珍惜和用功。那时小学的国文课本上有美丽的词句和图画，其内容都是当时颇具文人风骨的大师们编撰的，文字平实而内涵深远，既能使学生获得基本的文化知识、文字修养，又能学到做人的道理。程顺和至今还记得其中的一篇课文："竹几上，有针，有线，有尺，有剪刀。我母亲，坐几前，取针穿线，为我缝衣。"图画中一个小朋友扶着竹几站立，竹几旁年轻的母亲坐在方凳上，正在穿针引线，膝上放着一件待缝的条纹衣服。这亲切的画面总让程顺和想到母亲，母亲不就是常常这样，为了生计、为了他的学费而给人缝补衣衫的吗？有时他与顽皮同学打架而扯破了衣裳，母亲也是这样坐在凳子上为他缝补，边缝补边向他讲述做人的道理。

因为没有了父亲，起初常有好事同学找茬欺负他，程顺和个子虽小，但有一股蛮力，自我保护意识很强，自己挨了拳头也不吭声，打起架来凭着一股狠劲，差不多同龄的孩子都不是他的对手。加上他在班上学习用功，成绩好，渐渐地班上同学都开始服他，向他靠拢。学期结束时，他成了班上的优等生。

5

溧阳光复后，国共再次谈判，新四军渡江北上，国民党进了溧阳城。

溧阳自古便是江南鱼米之乡。晚清和中华民国时期，这里的农桑业十分兴盛发达，加之毗邻南京，邻近上海，又地处京杭国道，经济繁荣、文化发达。当时的民谣有这样的描述：东门吃、西门穿、南门住、北门官。程顺和儿时印象中的溧阳城，规模虽不甚大，城周不过五六里①，但已有了电灯电话无线电，一条青石板街贯通小城，街两旁商铺林立，街面上跑着江南公司的"白老虎"汽车，间夹人力车与小

---

① 1里=500米，全书同。

轿，甚至还有马车、驴车，河里有小巧灵便的乌篷船，也有马达突突响的小汽轮，传统中显出几分现代化，故而溧阳有"小上海"之称。

然而，经过抗战，原本有"小上海"之称的溧阳已被打击得千疮百孔，国民党的腐败更使老百姓生活艰辛。1948年的《溧阳民报》上刊登有一则《买油条叹》，充分描绘了当时社会的景况："天冷朝起怕寒冷，油条可以作点心。无如油条日日短，经济枯竭欠雏形。莺飞鱼跃岂登伦，油涨粉涨百物涨。菜叶身贵如碧玉，豆腐价高如白银……"当时通货膨胀严重，物价一日三变，几十斤纸币才能买到一块豆腐，有时拿着钱也买不到食物，老百姓生活苦不堪言。然而再苦再难，魏育真依然咬着牙，坚持供程顺和读书。

读书要点灯。虽然溧阳城里早就有了电灯，但程顺和家却用不起，顺和读书依然是点煤油灯。用一个墨水瓶，倒上煤油，放一根布芯，便成了煤油灯。煤油灯灯光暗，灯火小如豆，靠近才能看清，看书时间一长，鼻孔中全是黑的。有一次，程顺和读书太累，读着读着趴在桌子上睡着了，被煤油灯烧着了头发，可把母亲吓得不轻。

在寒苦中，程顺和顽强地成长着。

孰料内患又起，蒋介石发动内战，此后解放战争又持续了3年。

人的适应能力是十分惊人的，生长在和平时期的人们难以想象战争年代的生活，而在战争时期，人们确实是一面提防战火烧身，一面又努力如常生活。硝烟尚未散尽，弹痕历历在目，伤痛尚未完结，生活依然继续。

程顺和10岁那年，解放军发动了渡江战役，秋风扫落叶一般席卷江南，国民党溃不成军，退守中国台湾。这年，南下的解放军在溧阳城驻扎几日，给程顺和留下了深刻印象。老百姓对当兵的一向惧怕，那些年日本兵、汪伪军、国民党兵、保安队可把人祸害得不轻，搜刮民财，抓人掠物。可是这一次，解放军连老百姓的家门都不进，夜里只借人家的门板睡在露天，待人和气可亲。程顺和很快与这些军人热络起来，作为男孩子，对刀枪最是向往，放了学程顺和就往队伍里钻，看看这枪，摸摸那炮。夜里，解放军战士躺在门板上在月光下给这些小孩子们讲故事，怎么打鬼子、怎么打国民党，怎么渡江攻占总

统府……小孩子们听得津津有味。有个战士问程顺和:"你长大了想干什么?"程顺和想也没想,大声说:"我长大了跟着你们打国民党,打蒋介石!""为什么要打国民党?""因为……因为国民党是坏人!"战士们都笑了,一个戴眼镜的战士摸摸程顺和的头说:"等你长大了,国民党早就没有了!你长大了要建设新中国,要做科学家!"

解放军走了,战士们的话却留了下来,留在了程顺和的心里。

长大了要建设新中国,要做科学家!什么是科学家?科学家是做什么的呢?

多年后,程顺和回忆起解放军驻扎在他家中的情形,依然觉得温馨,甚至记得那个戴眼镜和蔼可亲的解放军叔叔的形象。

第二章 中学时代

1

溧阳解放后,变化一个又一个接踵而来,快得令小顺和有些适应不及。

一天,程顺和看到祖父被人戴上高帽子游街,回来告诉了母亲。母亲告诉他,祖父成分被划定为工商业兼地主,属于受人唾弃的剥削阶级,祖父在乡下的土地叫人分掉了。因为解放前他们家与祖父分了家,祖父又登报与父亲脱离了父子关系,父亲去世时家中一贫如洗,母亲由少奶奶沦为劳动妇女,因此程顺和家被划定的成分是城市贫民。

父亲与养子,一家划为地主,一家是贫民,地位瞬间翻转。程顺和家翻身做了主人,扬眉吐气,而祖父一家却由高高在上的老爷变为接受监督和改造的对象。人还是原来的人,事还是原来的事,社会一变,道理全变,这世事殊是难料。正应了老子那句话"祸兮福之所倚,福兮祸之所伏"。

母亲魏育真扬眉吐气成了街道上的积极分子,走路挺起胸脯,她不再做那些缝补浆洗的粗活,而是参加了街道上的文化培训,因为基础好,头脑又聪敏,很快获得了教师资格,被分到杨庄小学任教。旧社会奉行"女子无才便是德",她没能如愿去上师范学校,新社会"妇女能顶半边天",她成为了光荣的人民教师。身份的转变带来全新的精神面貌。魏育真深深感到新社会的优越与先进,人活得真正像人了,她仿佛一下子找到了人生的目标和意义,喜悦由衷而发,整天忙得脚不沾地。白天,她为学校的事奔波忙碌;夜晚,督促儿子读书学习。儿子是母亲心中的骄傲,因为程顺和在学校是尖子生,门门功课都优秀。

程顺和迎来的不仅是外部社会的深刻变革,家庭本身也在悄然间发生了变化。1950年,母亲魏育真与汤有光再婚,组建了新的家庭。汤有光1930年毕业于镇江师范学校,毕业后即从事教育工作,后来抗日战争爆发，他不得不流落辗转各地，武汉、重庆、贵州……先后在农本局、农民银行、救济总署工作过。战争环境中动荡不安，没能找到合适的对象。中华人民共和国成立初他回到故里，仍旧从事教育工作，成为一名教师。魏育真在街道接受文化培训时，汤有光是她的老师。一来二往，感情升温，虽然汤有光比魏育真大10岁，但两人还是很快结合了。

汤有光的到来，令原本拮据的家庭境况大为改观，但生活中忽然出现一位陌生人，这对小顺和与弟弟家和来说着实是个不小的考验。好在汤有光虽外表严肃，内心却是极其善良，他把两个孩子视为己出，处处关心，很快便得到孩子们的认可。

母亲魏育真任教的杨庄小学在乡间，离家较远。而且社会上都在开展文化扫盲，学校里也办起了成人夜读识字班，工作量很大。倘若每天城乡来回奔波，很不方便，母亲决定带着小儿子家和住在乡下学校里，程顺和则跟着继父留在城里读书。功夫不负有心人。魏育真勤勤恳恳地工作，很快得到大家的认可，不仅被评为优秀教师，还被选为县人民代表。20世纪50年代末，魏育真被评为江苏省劳动模范，胸佩红花，光荣地到省里参加了文教系统"群英会"。母亲对待工作认真负责的态度对程顺和日后的成长影响很大，他暗暗想，长大以后也要像母亲一样成为被社会认可的受尊敬的人。

当时，留在城里的程顺和仍然在彭氏小学读书，汤有光在东门街小学任教，离得虽不是很远，但交通不便，照顾起来也麻烦，所以，在程顺和四五年级时继父便将他从原来的彭氏小学转入东门街小学，这样父子住在一个学校里，汤有光就可以兼顾教学和对顺和的监护。在程顺和的印象中，继父汤有光很有学问，教学一丝不苟，对学生要求很严，在他身边自己在学业上进步更快。汤有光对程顺和很疼爱，但他平时工作太忙，生活上程顺和渐渐学会了独立，虽然才十多岁，但衣裳都是自己洗。那时的被子还是用被面、被里、棉花胎缝合而成，每次拆洗后都要重新缝合，这翻被子的活也是他自己做。汤有光回家看到后摸摸小顺和的头直夸他："顺和，比爸爸还棒！"这让顺和心里很温暖，家务活干得更起劲。汤有光教语文，小顺和爱看书，汤有光

喜爱体育，会打篮球、踢足球，也常鼓励小顺和多参加体育锻炼。父子俩相依相扶、其乐融融。

到了晚上，吃完晚饭，汤有光把学生的作业批阅完，就是看书，这对顺和影响很大，相对于小伙伴们的疯玩，程顺和觉得看书更有意思。课余时间，他更喜欢去叔叔的书店里看书。一本书就是一个世界，看书可以让人进入另一个时空，他看了《水浒》《三国演义》《红楼梦》等名著，最让他喜欢的还是武侠小说，《七侠五义》什么的，那里面的人武功高强，快意恩仇，别提多带劲了。小顺和幻想着自己成为小说里的英雄，行走江湖，行侠仗义。

程顺和至今记得小时候和同学"抓特务"的一段经历。朝鲜战争爆发后，蒋介石叫嚣"反攻大陆"，那些被打倒的剥削阶级蠢蠢欲动，国内开展镇压反革命的运动。那时人们的警惕性特别高，真可谓全民皆兵，就连小孩子满脑子想的都是"抓特务"。一天，程顺和正在屋里看书，同学路建中悄悄走进来神秘地说："别看了！我看见那个家伙又在外面转，咱们跟上去盯着他，看他做什么坏事。"路建中说的"家伙"是学校的一位老师，他们几个同学已经盯了他很久了。程顺和立即放下书本，跟路建中来到门外，四处张望某老师的踪迹。他们发现这位老师一吃过晚饭就离开学校四处转悠，好像有什么目的，会不会是特务在刺探情报？两个同学躲躲藏藏，远远地跟在老师后面，转了一大圈，什么也没发现。白天，当这位老师上课的时候，他们就在下面盯着老师看，心里嘀咕：这个老师究竟是好人还是坏人？一直到小学毕业，他们也没发现这位老师的破绽，倒是把跟踪老师这件事一直记在心里，成了追忆童年时的有趣回忆。

2

小学毕业后，程顺和升入溧阳县中读书。继父汤有光因为工作认真，教学成绩显著，也从东门街小学升调到溧阳县中来教书，而且被评为县里的优秀教师。如此看来，程顺和后来对工作极其认真负责的敬业精神是有渊源的，母亲、继父都是优秀教师和模范，对他有着潜移默化的影响,当然,父母对他的学习和管理也很严格。自他成为一名中学生,母亲对他要求更严,不但要好好学习,更要求他追求进步。所以程顺和学习、做事都很认真,在学校还被选为少先队干部。

龙养九子,各不相同。不知为何,弟弟贪玩,不爱学习,弟弟的顽皮更衬托出程顺和的和顺。书籍成了他最好的伙伴。从儿时的小人书,到后来的故事书,再到大部头的名著,书籍伴随着他成长。随着阅读量的增加,他的眼界得到拓展,了解了与现实生活迥然有异的世界,也从中得到许多安慰和启发,书籍知识滋养着他,使他渐渐形成了与一般孩子大不一样的气质,成长中的他不再淘气,开始喜欢安静,喜欢一个人默默思考。初三时,他因为年龄到了要离开少先队,母亲告诉他应该积极要求进步,争取加入共青团。可是他看见身边有些团员的表现还不如一般学生,便觉得入不入团也没什么要紧,而且对一些与学习无关的社会活动也渐渐不感兴趣。譬如,后来中学里大炼钢铁,把好好的锁头、窗鼻都拿去烧化,却没炼出钢铁来。他对这些事就有点想不通,行动消极。

母亲告诉他,共青团员是先进青年的组织,不要管别人做得如何,自己追求入团的目标要明确,就是向先进看齐,树立人生远大理想。人若没有奋斗目标就会颓废。在母亲的鼓励下,程顺和升入溧阳县高中后,开始积极投入班级工作,出黑板报、打扫卫生等,受到班主任表扬。可是天有不测风云,升入高中不久,一场疾病突如其来。程顺和常常感到头疼,发热咳嗽,起先以为只是一般的感冒,但是很快,他发现自己的记忆力大幅度下降,上午才学的课程,下午竟就记不起来了。难道是要"失忆"了吗?这样发展下去还会出现什么糟糕的状况?父亲病故的阴影袭上心头,令他感到莫名的恐慌,我还这么年轻,就得这样的病,将来可怎么办?

又是母亲,给他拿来《钢铁是怎样炼成的》《我的大学》等书,鼓励他与疾病作斗争。母亲对他说,疾病并不可怕,只要有战胜它的勇气,它就会被吓退。母亲的爱增强了他与疾病斗争的信心,使他的情绪从最初的恐慌过渡到冷静,努力寻找治疗记忆力受损的办法。他想,要养成好习惯,要有条理。他开始写日记,记下每天发生的重要事件

和心得体会，以此备忘。同时，努力培养有条理的生活习惯和逻辑思维，他使用的物品都定点摆放，做什么事也会先列出计划，事后还都要总结检查。事实证明，这些方法效果很好，他的记忆力慢慢恢复了，而且比以往更好。这些良好的习惯后来伴随他终生，条理性、逻辑性使他头脑明晰，节省出许多时间和精力用在该用的地方。

疾病也促使他认真考虑如何强身健体。未来的路还很长，身体是革命的本钱，没有好身体还谈什么未来？因为平时总是在书堆里消磨时间，他接触到许多课外书籍，其中有一本《沈钧儒先生的健身方法》引起他的注意。沈钧儒先生是一位大学者，清末考中进士，早年曾留学日本，回国后参加了辛亥革命，1912年加入中国同盟会。"五四"运动期间，他撰文提倡新道德、新文化，曾任国会议员、上海法科大学教务长。中华人民共和国成立后又历任中央人民政府委员、最高人民法院院长、民盟中央主席。这本书就是总结了他自编自练的一套健身方法。书中图文互训，图画中一位童颜长髯的老者做着各种健身动作，图下有文字详细介绍此动作的要领与作用，其中的"身心俱健"观念给程顺和留下深刻印象。他省吃俭用买下这本书，常常翻阅，并按照书中的方法进行锻炼，发现确实有效。运动过后，人会感到舒展有朝气，精神面貌也为之一变。后来上了大学，又几经搬迁，这本书不知去向，不过他至今仍然记得书中的一些图形。

身体康复后，体育锻炼成为他的日常内容，夏天游泳，春秋登山，打篮球、长跑都成了他喜爱的运动。锻炼不仅强健了身体，也令他原本内向的性格渐渐变得开朗，开始喜欢参加学校中的文娱活动了。他喜欢画画，上课时老师在黑板上用粉笔画，学生在下面临摹，他画得有模有样。乐器他也喜欢，扬琴、二胡，照着乐谱也能拉上几曲。

正是这场疾病，使程顺和记住了母亲的一句话：笑对苦难，任何苦难将来都能化为财富。

3

1958年6月，程顺和高中毕业了。在当时，高中毕业就算有文化的人了，一般条件的家庭，孩子高中毕业时面临选择，参加工作还是继续上大学。参军或者找一份工作能立即减轻家庭的负担，而上大学就意味着父母得继续付出。程顺和是学校的尖子生，当然想继续考大学。但看到辛劳的母亲，又于心不忍。母亲和继父却坚定地支持他去考大学，他们相信自己的儿子应当有更为广阔的未来。

那时候考大学不是件容易的事，需要通过层层政治审查，所在高中要出具证明，有关个人和家庭情况要填表上报，经过街道治安委员审查、县公安局派出所审查，再由溧阳中学党支部签署意见，直到中共溧阳县委宣传部审查通过，才能取得考试的资格。程顺和的继父汤有光抗战期间曾在银行金库工作过，当时的中华民国政府要求做这种工作的人必须加入国民党，所以他曾一度加入过国民党。这个问题汤有光在中华人民共和国成立初已向政府作了交代，组织上经过审查，也对汤有光本人表态：政府已下了结论，历史情况与交代的相符合，希望本人安心工作。但是在程顺和考大学时，这个问题还是给程顺和减了分，他的政审表被打上了"只能录取一般专业"的评语，这样一来，一些有关国防安全、军事科研等专业就与他无缘了。

6月的江南，梅雨淅沥。得到政审合格通知后，程顺和与一批同学乘船去无锡考试。从溧阳到无锡，虽咫尺之遥，但当时却是出一趟远门。下午自溧阳登上轮船，一路航行，要到第二天上午才能到达无锡。

这时的程顺和已成长为一个清秀青年，白衬衫、蓝布裤、短分头，是那个年代通行的打扮，有点儿不同的是，因为长期读书，他鼻梁上已架起了一副近视眼镜，与镜片后那沉静的目光组合在一起，有了些少年老成的味道。

正是荷叶新绿、麦浪金黄的季节，岸柳拂水，雀鸟翻飞，轮船行于太湖之中，清波浩渺，一时如绸缎般舒展，一时又阵阵浪涌，波波有声。天气有些闷热，不时有鱼儿打挺跃出水面，叫他想起鲤鱼跃龙门的故事来。鲤鱼只有跳过了龙门才能化身为龙，跳不过去的摔下来，额头上就会磕出个黑斑。这不就像他目前的处境吗？究竟能不能如愿考上大学，他心里没底。如果考不上怎么办？他不敢往下想。凭栏临风，他的双手不知不觉用力握住船沿的栏杆，好像握着自己的命运。

他又想起与家人讨论选择专业的事来。

溧阳天目湖的砂锅鱼头是全国有名的,不过那时不叫天目湖,叫沙河水库,沙河水库中出产的大花鲢鱼远近闻名。考试前,母亲特意上街买回一条大鲢鱼,精心烹饪,为他壮行。对于报考大学专业,他起初的愿望是学医,因为他想到了父亲的死,父亲那么年轻,就因为疾病夺去了生命,他想到了自己的莫名生病,而学医当医生就能治病救人。他和母亲谈起了自己的想法,母亲提醒他,学医是要解剖人体的,拿手术刀在人身体上割,你敢吗?他一下子被问得愣住了,想想平时,他可是连杀一只鸡也下不去手的呀。

那么,学工?还是学农?农业是民众生存之根本,工业是国力提升之动力。全国上下都在"大跃进",毛主席提出"工业以钢为纲,农业以粮为纲",无论学什么,都可以有所作为。他决定先不去管专业,而是把精力放在备考上,所谓"尽人事,听天命"吧。

无锡的考试很快进行完毕,那时只考两三门功课,他觉得考得还行。考完仍从水路回程,正是一个清晨,向东望去,太阳跃出地平线,红霞映红水面,顿时,白居易的诗句涌上心头:"日出江花红胜火"。程顺和心情大好。

回家后很快便收到了入学通知书:他被南京农学院录取了。

第三章 求学金陵

1

1958年9月，金菊争艳、丹桂飘香的时节，19岁的程顺和一根扁担挑着两个行李卷，告别亲人，离开故乡，去南京求学。

头天晚上，久久难以入眠，母亲坐在儿子床头嘱咐了又嘱咐。儿子长大了，就要离开母亲了，他在襁褓中吮指、光着屁股游水、背着书包去学堂的样子还清晰如昨，同在一座小城里生活尚且常常令她牵挂，何况如今他要远离家乡独自一人去省城读书呢。实际上溧阳距南京并不遥远，不过100多公里①，但母亲知道，这100多公里弄不好就是一生的距离，儿子将来还能再回到溧阳，回到自己身边吗？望着母亲沧桑的面容，程顺和何尝不是喜忧交集，喜的是一只雏鹰终于张开翅膀，振翅蓝天，去探索外面更为广阔的世界；忧的是母亲年龄越来越大，由于操劳过度，白发已经爬上鬓角，而成年的自己却不能守在母亲身边解忧尽孝，反而将要离开。那只挂在屋顶的15瓦的灯泡闪着幽暗的光，弟弟家和早已在床铺的另一边发出鼾声，时间已经不早，顺和也闭上眼睛假装睡着，母亲便不再说话，轻轻为儿子拉拉盖在身上的被单，俯下身来近距离看着儿子的脸庞，静静注视着，然后关上电灯，轻轻掩上房门，堂屋响起母亲轻轻的脚步声……多年后，这一幕仍留在程顺和的脑海里，那时他已为人父。

这是程顺和第一次去省城，养父想去送他被他拦下了：没多少东西，我自己能行！两个行李卷用麻绳一捆，接过母亲递过来的一根竹扁担，挑起就走！母亲还是不放心，冲养父喊："你送儿子到车站！"那时交通不便，长途汽车不好坐，母亲怕儿子受委屈。他却说："没事没事，你们回去吧，我能行！"因家庭的变故，程顺和从小就养成了独立的性格。

---
① 1公里=1千米，全书同。

没到南京之前,程顺和曾在脑海里一次次勾画过南京的模样。

秦淮河、古城墙、总统府、下关码头……这些建筑在和养父的饭后闲聊中多次出现过,不断丰富着程顺和的想象和向往。

钟山龙蟠,石城虎踞。公元前472年,越国大夫范蠡筑越城于长干里,此后,东吴、东晋、南朝(宋、齐、梁、陈)均相继在此建都,加上其后的五代南唐、明、太平天国、中华民国,人称"六朝古都、十朝都会",当然还有加强版的算上杨吴、南宋的"十二朝都会"之说。历史学家朱偰先生在比较了长安、洛阳、金陵、燕京四大古都之后这样评价:"此四都之中,文学之昌盛,人物之俊彦,山川之灵秀,气象之宏伟,以及与民族患难与共,休戚相关之密切,尤以金陵为最。"2019年10月31日,经联合国教科文组织官方宣布,南京被列入"文学之都",成为中国第一个获此称号的城市。这或许是对朱偰先生此说的印证。

"江南佳丽地,金陵帝王州。"南京有纵贯中华文明的历史古迹、风景名胜,也萦回着四百八十寺的佛赞梵音,沉积着战争的刀光与血影,雨花台、中山陵更为这座古都增添了激昂慷慨的格调。

程顺和心中一直有一个南京梦,他曾和同学路建中说过:我考大学就报考南京的大学。路建中问他为什么,他说,南京离溧阳近,能随时照顾到母亲。母亲抚养他兄弟俩吃了不少苦,他不想离母亲太远。而且南京的气候适宜。这些话语中蕴藏着传统文化的滋养,他希望自己将来能留在母亲身边尽孝。

程顺和满怀对未来的憧憬,在汽车的颠簸中进了南京的中华门,又出了中山门,几经辗转,来到卫岗南京农学院门前。周围的环境多少令他有些失落,没想到学校竟是在南京城的郊外!这里和梦想中的南京城多少有些差距,四周是稀疏的村舍和菜地,远离都市的繁华,甚至有几分荒凉。这就是自己曾经无数次向往的大学?不过他很快释然,这样的生活环境对他来说更熟悉、更亲切。

程顺和的扁担行李吸引了老师和同学的目光,热情地围上来迎接,并细致周到地把他和其他新生们送至事先安排的学生宿舍。

和校外的环境相比,校内热闹许多。穿行在校园中,一路上横幅

标语喜气洋洋，老师和同学们在绿草如茵的行道上来来往往，阳光透过梧桐树叶的缝隙洒落下来，斑斑驳驳，碎花投影一般，令人心旷神怡。程顺和不禁举目四处打量，身旁的老同学一一为他介绍校园的布局和设施：哪儿是教学楼，哪儿是宿舍区，哪儿是食堂，哪儿有会堂。程顺和很快发现，校园北侧那栋主楼格外引人注目，这座建筑中西合璧，整体构造不对称，却显得庄严优美。平展的楼顶一侧还建有一座双檐楼阁，楼阁上的十字歇山顶极具中国传统建筑之立体美，而大楼的外立面则十分简洁，长窗排列整齐划一，颇具欧洲建筑严谨实用之风。程顺和看着这栋校园的地标建筑，心中一动：这才是他心中省城大学的模样啊！

事实上，这片校园原是华东航空学院的校址。1952年，国家高层在经过一番"教育应该西化还是苏化？"的争论后，决定对全国高校院系进行调整。当时，将南京大学农学院、金陵大学农学院，以及浙江大学农学院部分系科合并，成立了南京农学院，使之成为中华人民共和国成立之初全国两所重点农业高校之一。当时华东航空学院准备迁去西安，南京农学院的首任校长金善宝先生看中了这里，向南京市政府申请把原在城内的农学院搬迁了过来。

金善宝？程顺和初入学便在心中刻下了这个名字。

2

虽说学校在城郊，毕竟是省会大都市，处处显示出新鲜气息，不说别的，单是同学们那南腔北调的各种方言都令你觉得新鲜别致。新的城市、新的学校、新的老师和同学、新的人生阶段，家庭的牵绊和母亲的目光都被这座城市和故乡的距离阻隔了。在这里，程顺和将开始真正独立自主的新生活，开启一段崭新的人生。

初进南京农学院时，程顺和被编在农学专业，分到了农学83班，后来他主动申请转到遗传选种专业，获得批准，从农学83班转入了遗选82班，学号148122。

为什么要申请调整专业？当然是受老校长金善宝的影响。

金善宝是中国现代小麦科学的主要奠基人，1926年毕业于东南大学农学系，20世纪30年代赴美国留学，获得明尼苏达大学硕士学位，1934年编著了中国第一部小麦专著《实用小麦论》。1937年，时任中央大学农艺系教授的金善宝随校迁到重庆沙平坝，继续小麦育种工作，2年后，金善宝和助手们从国内外引进的3000多份小麦材料中，通过系统选择方法，选出了适于四川盆地和长江中下游地区种植的优良品种"中大2509"（又名"矮立多"）和"中大2419"（后更名为"南大2419"）。金善宝选育的"中大2419"小麦良种具有早熟、抗条锈病、抗吸浆虫、秆壮抗倒、穗大粒饱、适应性广和一般配合力好等优点，不仅成为中华人民共和国成立后长江中下游冬麦区第一次品种更换时种植面积最大的良种，而且是其后30多年中国南方小麦杂交育种中最主要的亲本之一。后来程顺和选育的扬麦系列中就有"中大2419"的基因。金善宝是中华人民共和国成立后南京农学院的首任院长，兼任南京市副市长。1955年，金善宝当选为中国科学院学部委员，1957年3月，中国农业科学院在北京成立，金善宝被任命为副院长，1958年9月，他离开南京赴北京任职。

程顺和入校之时，金善宝已经离开南京农学院进京赴任，但金善宝对学校的影响却在持续。譬如，遗传选种专业当时在全国就只有南京农学院设立，因而程顺和视金善宝为偶像。程顺和不但选择了遗传选种专业，而且选择的是小麦遗传育种，他最后能成为"南方麦王"不能不说冥冥中有一个隐形的金善宝在指引着他。人生最初的许多理想和目标是在潜移默化中形成的，而且将影响终生。

程顺和喜欢并热爱自己选择的专业，全身心投入到学习当中。吴兆苏教授成为程顺和小麦选种方面的指导老师。

吴兆苏先生是金善宝的学生，1942年毕业于中央大学农学院农艺系，后留学美国，在美国明尼苏达大学研究院及农艺和植物遗传系进修，获农艺系哲学博士学位。回国后长期与金善宝先生合作，育成了中大2419冬小麦良种。能够跟随吴兆苏先生学习，程顺和便是师出名门，成为金善宝先生的再传弟子。

上课的老师中还有刘大钧教授。刘大钧教授是江苏常州人，作物

遗传育种学专家，后来当选为中国工程院院士并担任过南京农业大学校长。

刚开始专业学习时，程顺和跟着刘大钧教授在实验室里做生殖生物学实验。第一次看见显微镜等实验仪器和设备，程顺和小小地兴奋了一把，"科学"这个概念一下子变得具体而贴近。在老师的指导下，把受精后的卵子器官取下来，贴到载玻片上，滴上胶液，然后盖上盖玻片，再拿到显微镜下去观察。镜头后面那个微观世界是多么奇妙啊，原来肉眼所见与显微呈现有如此巨大的差异，不禁令人对整个现实世界都产生一种新的思考和目光。这一系列操作给程顺和留下鲜明深刻的印象，虽然工作以后田间实践多而实验室操作少，但当时在学校里学到的内容为他日后的小麦育种打下了坚实的理论基础。

3

在程顺和大学时代的老师中，刘大钧教授与吴兆苏教授都是对他产生过重大影响并给过他很多帮助的人，两人都是程顺和非常敬重和敬爱的老师。但在程顺和的印象中，这两位教授分属新旧遗传学两个学派，学术观点对立，因而两人之间经常发生争执。

所谓新旧遗传学，即米丘林遗传学与孟德尔-摩尔根遗传学。19世纪，奥地利生物学家孟德尔选用豌豆进行了8年遗传实验，发现了生物遗传的基本规律，称为"孟德尔遗传定律"，孟德尔也被人尊称为"现代遗传学之父"。其后，美国生物学家摩尔根在孟德尔遗传研究基础上，利用果蝇进行了10余年的实验研究，创立了基因学说，提出基因控制生物的遗传与变异，为现代遗传学的发展打下了基础。米丘林则是俄国-苏联时期著名植物育种学家，他一生致力于通过外界环境的作用定向地培育新品种的研究，运用多种方法选育了300多个果树品种，米丘林根据自己的亲身实践，在遗传育种上提出了许多新观点。米丘林学说的基本思想是：生物对生活条件有高度选择性，而生活条件对生物的发育和遗传变异则起主导作用。

新旧遗传学的主要分歧在于：孟德尔-摩尔根学派认为，遗传性状是由基因决定的；米丘林派则否认基因的存在，强调外界环境的作用。事实上，基因遗传与后天的生活环境与条件都很重要，不可偏废。而且米丘林本人也并没有否定过孟德尔–摩尔根定律。所谓的米丘林遗传学是李森科在米丘林去世之后，利用米丘林的声望建立起来的，他打着"米丘林遗传学"的旗号，把学术研究与政治捆绑起来，先后获得斯大林、赫鲁晓夫的支持，登上了全苏农业科学院院长之位，在位期间他排除异己，大挥棍棒把孟德尔–摩尔根遗传学定性为反动的、资产阶级的、唯心的和形而上学的，强迫苏联高等教育部开除了一批反对其观点的教授。一些摩尔根学派专家甚至被逮捕、受到迫害，摩尔根学派的实验室被关闭，教学课程也被取消。

回忆大学时期的这段经历，程顺和说，科学是没有阶级性的，把两个学派的学术分歧和争论上升为政治，现在来看是错误的。

1952年6月29日，《人民日报》发表题为《为坚持生物科学的米丘林方向而斗争》的文章，认为"米丘林生物科学是自觉而彻底地将马克思列宁主义应用于生物科学的伟大成就"，是"生物科学的根本变革"。进而，遗传学课程在各大学基本被取消，真正的遗传学研究被停顿。1959年初，苏联科学院遗传学研究所副所长H·N·努日金来华，他不遗余力地传播"米丘林–李森科"学说，前后作了76次演讲，开了28次座谈会，参加者达10万多人。

程顺和回忆说："20世纪50年代的中国，凡是搞农业科学研究的，不管你承不承认、愿不愿意，都必须学习米丘林。"

程顺和后来在里下河农科所（江苏里下河地区农业科学研究所）的同事陈道元就曾在一篇20世纪50年代的学习总结中这样写道：

"列宁曾指出：'……如非站在坚定的哲学立场上，任何自然科学和唯物主义在反对资产阶级的思想进攻的斗争中以及在反对资产阶级世界观之复辟的斗争中都是站不住脚的。'米丘林生物科学完全以辩证唯物论为基础的，是自觉而彻底地将马克思列宁主义应用于生物科学。米丘林生物学与旧生物学基本不同在于不同的宇宙观、不同的方法论在生物科学上的反映和应用，是唯物主义与唯心主义在生物学上的斗争，是生物科学的根本革命。所以不学习马克思列宁主义便不可能正确完整地学习米丘林生物科学，也不可能正确理解米丘林科学的精神实质，也不可能在反对资产阶级进攻的斗争中站住脚，所以学习米丘林科学首先要学习马列主义哲学作为思想武器。"

陈道元只是一位基层科研人员，在1954年、1955年两度被派往华东农科所主办的米丘林传习会学习，这篇学习总结从侧面印证了程顺和所说当年我国在学术研究中的政治化倾向。

就在苏联和中国对孟德尔–摩尔根学派进行大肆批判的同时，遗传学在其他国家获得了迅速发展，苏联和中国因此与世界遗传学研究拉开了距离。其实在20世纪50年代，DNA双螺旋结构模型的发现、分子生物学的建立，已证明了孟德尔–摩尔根学派的正确性。但直到1984年中国召开孟德尔逝世100周年纪念大会时，才真正将曾被歪曲的科学事实彻底纠正过来。

不幸的是，程顺和的两位老师当年就曾被卷入这场政治漩涡中。

程顺和回忆：

吴兆苏早年留学美国，受的是摩尔根遗传学教育，他是摩尔根派；刘大钧呢，曾留学苏联，获莫斯科季米里亚捷夫农学院生物科学副博士学位，受的是米丘林遗传学教育，自然是坚定的米丘林学派。两位教授见面就起摩擦。刘大钧当时三十出头，个头高，声气壮，加之他性格非常直爽，喜欢与人争论，一旦争论起来，吴兆苏还真不是对手。起争论的不仅是他们两个人，其他教授也在争。譬如，本校的朱立宏教授是搞水稻研究的，讲摩尔根；朱教授的夫人也在本校当教授，讲米丘林。夫妻两人一人一派，常常在吃饭时争得面红耳赤。还有其他学院的教授也来参与辩论，有南京大学的，有复旦大学的。

但批判归批判，校长金善宝头脑却是清醒的，他坚持在南京农学院开设了摩尔根遗传学课程，当然表面是作为批判学习对象，一方面批判，一方面学习，当时请了复旦大学的谈家桢教授来授课。金善宝离开南京农学院后，这门课程仍被保留了下来。

谈家桢是中国现代遗传学奠基人，是摩尔根的学生。1932年，摩尔根读到了谈家桢的论文《异色瓢虫鞘翅色斑的遗传》，非常赏识，摩尔根的助手杜布赞斯基教授也激动不已，认为这位中国年轻学者正在探索前人未曾涉足的领域，并颇有收获。摩尔根邀请谈家桢赴美国攻读博士学位，学杂费全免。1934年谈家桢赴美国加州理工学院摩尔根实验室学习，1936年获得博士学位。摩尔根和杜布赞斯基希望能留下这位英才，但谈家桢说："中国的遗传学底子薄，人才奇缺，迫切需要培养专业人才。"并于翌年回到中国。

当时很多支持摩尔根学说的学者都被打成"右派""反动学术权威"。谈家桢因得到毛泽东主席的照顾而幸免，但因为他是摩尔根的弟子，而落选第一届中国科学院学部委员。吴兆苏和其他一些教授则是祸躲不过，成了"反动权威"。事实上，吴兆苏和朱立宏教授都是在美国留学时，听闻中华人民共和国成立，心怀报效祖国之志，放弃了美国优越的条件毅然归国的爱国学者。

回忆起大学时代的老师，程顺和特别欣赏吴兆苏教授的个性。他说：

"吴兆苏是福建连江人，他性格随和，说话风趣，没有教授架子，喜欢和同学们开玩笑，甚至到了信口开河的地步。吴兆苏有个学生叫俞敬忠，也是遗传选种专业的，比我高一届。俞敬忠在大学里学习的时候非常刻苦，每天就是饭厅、教室、阅览室，就在这三个地方用功。吴兆苏很喜欢这个学生，路上老远看见俞敬忠，就先向他打招呼：'俞教授，你好啊！'同学听了都觉得有趣，俞敬忠则是傻笑不语。"

程顺和回忆，吴兆苏被打成"反动学术权威"后，被下放到农场劳动，面无忧色，该干什么就干什么，虽身形略显瘦削，骨子里却有一股坚韧。有同学调侃他："吴先生，听说你在美国留学的时候与人家女同学如何如何啊？"他就说："哎，那个嘛，异国他乡寂寞呗，老乡见老乡，两眼泪汪汪，没有啥子嘛！"说得同学们都哈哈大笑。后来回忆往事，吴兆苏曾跟程顺和讲："其实同学们当时对我都挺好的，一面说是打倒我，一面还跟我开玩笑。"就因为他这种随和性格，使得别人也不太好意思去针对他做得太过分，因此，他虽被批判，倒也没有受太大的罪。

另一个对程顺和产生影响的老师就是刘大钧。程顺和回忆道：

刘大钧是常州人，刘大钧教授特别肯动脑筋，专业上有成就，而且长得相貌堂堂，也很能说，一讲起来，慷慨激昂，颇有些共产党员的凛然正气。那个时候，他表现得有点"左"，谁支持摩尔根遗传，他就说人家反动。谈家桢曾当面批评刘大钧，刘大钧虽不吭声，但心内却不服气，不过后来他也渐渐转变了观念。因为刘大钧在申报院士的时候遭遇些挫折，直到1999年才当选为中国工程院院士。凡事皆有因果，这也说明无论看人还是看问题，都要一分为二，任何人都必然受到时代和环境的局限。

在程顺和心中，他是倾向于摩尔根遗传学的，但他同时认为米丘林遗传学也有其可取之处。科学的本质就在于去伪存真，不断接近事实的真相，而接近事实的道路却有千万条，不能搞非此即彼。科学的迷人之处就在于其不断探索之过程中。

四年大学，程顺和共学习了30多门课程，除政治经济学、哲学、党史、俄文等公共课外，专业课有植物学、作物栽培学、植物生理学、遗传学、作物育种及种子学等，程顺和的成绩大都为优、良。值得注意的是，摩尔根遗传学也在课程表中，他的成绩是优。

事实上，这新旧两大遗传学说对程顺和后来的科研之路都曾产生过重大影响，程顺和总结为：研究科学就要有科学的态度，理论上可以探讨，方法上兼收并蓄。

第四章 在大学的日子

1

程顺和入校后，正规的教学只进行了几个星期，忽然接到下放劳动的指示。谁也没想到，这一场劳动竟历时了8个多月，从1958年10月15日一直持续到1959年6月30日，几乎是整个学年都在下放劳动。

怎么会出现这种现象呢？原因是1958年8月，毛泽东主席在一次会议上说，农业大学要统统搬到农村去。于是农业部（现称农业农村部）提出，高等农业院校师生一律下放农村进行劳动锻炼，这是培养又红又专的农业技术人才的重要措施，必须坚决执行。南京农学院（现称南京农业大学）响应号召，规定教师、学生分批轮流参加农业生产劳动，全院师生先后下放农村，每批有8个月以上时间参加劳动锻炼，改造思想。

南京农学院当年将师生分为5个大队，有的下放到泗阳，有的下放到苏州，程顺和那一队去的是南通县的江防公社，住在村子里，与农民同吃、同住、同劳动。刚去的时候，很多同学都不习惯，要过四关：卫生关、吃饭关、劳动关、思想关。

农村落后的生活卫生条件令程顺和等许多城里来的同学不习惯。睡的都是大通铺，第一年下放时天气已经转寒，虽没了蚊虫，但跳蚤却猖獗，夜晚，被褥里的跳蚤咬得人睡不好觉，身上被咬出一个一个红包，奇痒难耐，抓破了又流水流脓，弄得人心烦意乱。后来渐渐习以为常，跳蚤不再可怕。大强度的劳动任务也让程顺和等城里来的学生经受着考验，每天凌晨，天还没亮，起床哨已吹响。哨子一响就得立刻起床下地，超负荷的体力劳动再加上吃不饱睡不好，真是令人力不从心。程顺和原本以为上了大学进了高等学府，就可以一门心思地学知识，做研究。可是现实却将他送到落后的农村，"接受贫下中农再教育"，用最古老、最原始的方法进行劳动生产。既然如此，上农业大学的意义又在哪里呢？他一时理不出头绪来，心情未免有些沮丧，因此与周遭的热火朝天显得有些不协调，令一些激进的同学对他产生看法，认为他不关心集体，不乐意劳动。

知子莫若母。母亲魏育真时常给儿子写信，了解情况，督促他放下思想包袱，要求他明确目标，时刻以共产主义接班人的标准要求自己，向先进同学看齐，积极要求进步，争取早日入团。

母亲给他提出了入团的目标，对程顺和触动很大，母亲是劳动模范，作为儿子，母亲就是榜样。最初的不适感过去后，程顺和很快融入到农村的集体劳动生活中，每天早起，给房东扫院子，打扫卫生，抢着干农活，抱柴草，感受农民的辛劳。长时间与农民相处之后，他开始感受到农民的朴实和真诚，绝大多数的农民心地善良，说话坦率，如果他们发现你做错了，就会一一指出；如果你做对了，他们也真心鼓励。程顺和骨子里是不肯服输的人，在劳动锻炼中，他向身边追求进步的同学看齐，对集体荣誉表现出极大的热诚，很快加入到先进行列。

农村的生活是艰苦的，但苦中有乐。一次下田劳动，走在田埂上，不知是谁发现地上散落着一点花生，同学们立刻两眼放光，纷纷去捡拾。程顺和也兴奋地加入到捡拾行列，他捡起一颗花生，迫不及待地剥开放到嘴里，啊，好香啊！他细细嚼，慢慢品。虽然一颗花生还不够塞牙缝的，但那种香味和幸福感却巨大。

还有一次，一个同学实在饿得吃不消，便悄悄跑到镇上想去买点吃的，刚好发现街上有一个人手里拎着馓子，便兴冲冲地跑过去要买下馓子，那人说我这个馓子不是给你吃的。同学问那是给什么人吃？回答说是给生产的人吃的。同学理直气壮地说："没错，我就是搞生产的人啊。"那人又好气又好笑，对着同学说："我说的生产是生小孩的人，就是产妇。"同学弄了个大红脸，狼狈不已。后来这笑话到处传开了。

程顺和回忆：那时候，虽然农村条件十分艰苦，肚子也吃不饱，可是同学们的干劲却很高涨，这种精神从哪里来？从对过上美好日子的渴望中来。大家都相信，困难是暂时的，幸福和美好的共产主义生活一定会实现。大家出大力，流大汗，战天斗地，掀起了对大自然进行巨大改造的运动。劳动现场，大家都比着干，拼着干，你追我赶，

天天劳动竞赛。还组成了文工团、宣传队，唱民歌、打快板营造气氛。有一首当年的流行民歌是这样唱的："天上没有玉皇，地上没有龙王，我就是玉皇，我就是龙王，喝令三山五岳开道，我来了！"真是气势磅礴、雄壮威武，极具鼓动力。

同学们和当地农民一起劳动，天不亮，哨子一吹立马起床出工，去地里拔棉花秸子；有时吃过晚饭，还要下地深翻土地，就这样每天起早摸黑地干。隆冬时节，他们冒着严寒赤脚站在池塘里，挖泥积肥。种田离不开水，为了解决过去靠天吃饭的问题，大规模兴修水利也是工作中的重点。人们敲开冰土挖运河泥，一个个甩开膀子干得热火朝天。大家响应政府号召，一定要尽快彻底改变农村一穷二白的面貌。在轰轰烈烈的运动中，在激情燃烧的工地和田间，程顺和渐渐地受到鼓舞，决心融入时代的洪流，把自己的一生奉献给农业事业。

公社劳动告一段落时，程顺和又被分到南通学校帮忙编辑教材。当时为了向农村大众宣传推广相关农业实用知识，南京农学院编写了许多丛书手册，由各系教研组负责编著，江苏人民出版社出版，32开，一本定价5~6分钱。编写农民普及教材工作，程顺和是头一次接触，因为农民文化水平低，许多还是文盲，所以教材要通俗易懂，好在有老师带着，程顺和很快上了路。在编写教材的过程中程顺和忽然来了灵感，自己动手进行工具改革，参照着书上的设计，依据农民需要，制作出来一个"光合作用测定器"，受到上级领导的肯定和表扬。

1959年6月，程顺和与队友和老师们结束了下放劳动，大学时代的第一学年就这样在农村中度过了。

8个月的农村劳动实践使程顺和亲身感受了农村的贫困状况，更加懂得农民生活得不易，要让农民摆脱贫困，就要多打粮食，要多打粮食，就要有好的种子。这段难忘的经历更坚定了程顺和从事育种事业的决心。

2

1960年暑假，程顺和回到溧阳，回到了母亲身边。

他觉得奇怪,怎么熟悉的溧阳城忽然变小了,他家所在的沧浜巷也变小了,这里曾经是他的整个世界呀,与之相连的方塘埂、护城河、码头街、灵官堂带给他童年多少快乐啊!他还记得中华人民共和国成立初和母亲刚搬到这里来的情景,新建的公房,每家自己在门口搭个小坡屋作厨房,母亲做晚饭时,他和小伙伴在薄暮夕阳下的巷子里做游戏。

亲人相聚分外高兴,母亲拉着儿子的手,这双手因为长期劳动而结了茧子,他的身板结实了,脸庞晒黑了,眼神之中比过去多了几分成熟。母亲在程顺和的眼中也有了变化,他第一次注意到母亲头上竟然有了丝丝白发,好在母亲做事还是那么利落,笑容还是那么亲切,他才放了心。久别重逢,母子俩总有说不完的话。母亲心疼儿子,平时自己节省得不得了,家里没什么吃的,可是一听说儿子要回来了,就把一点一点节省积攒下来的钱和粮票都拿出来,今天买两块烧饼,明天买两根油条,给儿子改善生活。

听说程顺和回来了,儿时的伙伴、旧日的同学纷纷到家里来找他,好奇地询问大学如何,南京如何?又给他讲本地的趣事和新闻。当时正处在三年困难时期,要找点好吃的东西可真不容易。那个时候食物稀缺的程度,令人难以想象。程顺和在乡间听说,溧阳旁边的安徽郎溪,树叶都让人撸光吃了,还有人在街上走着走着,一头跌下去就再没爬起来。有的人甚至离乡背井,跑到几千里外的新疆去讨生活。就是家乡溧阳这里,平时野地或路边常见的马苋菜、蒲公英等野菜也都被人挖来吃光了。程顺和回乡前还想着与儿时伙伴再去河里游泳,来场比赛,见这情形也只好放弃了,大家都在饿肚子,没那心情,也没那体力了。

到处都在挨饿,就连北京城里的毛泽东主席也把肉给断了。可城里到底还是比农村要稍好一点,城市里的人每月有规定的粮食供应,虽然少,但生命无虞。而农村则不同,不但自己饿肚子,还要交公粮。伙伴们开玩笑说,城市里的阶级敌人都比农村的贫下中农日子好过。在大学里面,又比一般市民要好一点,学校里每人每月有27斤[①]计划

---

① 1斤=500克,全书同。

粮，但也还是吃不饱。程顺和班上有位姓赵的同学因为饥饿浑身浮肿，老师知道后，给她发了些营养粉。所谓营养粉，就是磨碎了的麸皮。即使这样的东西，在当时也很难得。饥饿使程顺和充分认识到粮食的可贵，对作物育种和生产的重要性有了更深刻认识，也使他感到一种使命和责任。一天夜间，他做了一个梦，梦见自己培育的小麦良种真的放了卫星，打出了1万多斤。正当他手舞足蹈、兴高采烈之际，母亲在床头喊："顺和，起来吃饭了！"眼睛一下子睁开，才知道是南柯一梦。

程顺和上大学后，弟弟家和也在家乡上了卫生学校，卫生学校是三年制，可在国家困难时期卫生学校被迫停办解散了，失学的弟弟成了社会无业人员。为了弟弟的问题，母亲和继父再次发生了争吵。后来，弟弟报名上山下乡去了。母亲和亲戚都觉得是继父汤有光把弟弟赶走的。但事实上，那是大势所趋。

弟弟报名下乡后，程顺和愈加感到母亲的孤独，所以暑假期间，他尽可能抽出时间多陪陪母亲。程顺和陪着母亲去她教学的杨庄小学，中间有很长一段田埂地，坑坑洼洼不好走，为着不磨破袜子，母子二人把袜子脱下来，快到学校时才又穿上。在田间小路上，程顺和边走边向母亲讲述他未来的设想，要像金善宝老校长那样在遗传和选种方面做出成绩，母亲听了给他鼓励，并兴致勃勃讲起稻麦如何选种、如何栽培。程顺和很惊奇，母亲一个小学老师怎么懂得种稻种麦？其实母亲是个有心人，她长期在乡下教书，经常带领学生下田帮农，日积月累，便对农作物栽种和管理有了经验。母亲还指着周围坑洼不平的田地对他说："你看，咱们这里是水乡，小麦产量低，亩产才七八十斤。没有适合的种子，光喊口号，江南的小麦要超过江北，怎么可能呢？"经过稻田时，稻子的长势好不好，母亲也看得很准。程顺和佩服地说："妈，你要是搞农业的话，肯定出成绩，说不定能成专家。"母亲慈爱地笑了："你这孩子，专家是那么好当的？既要有理论，还要懂实践，你在学校要好好学习，争取将来成为像你们老校长那样的专家。"程顺和默默点点头："嗯，妈你放心，我一定会努力！"

暑假结束，程顺和回到学校后，只要有空就给母亲写信，说些学校的趣事，问候母亲的健康。母亲从儿子的信中感受着儿子的亲情和孝心，她把每一封信都珍藏起来，三年后竟装满了一个纸箱。后来这些信在一次搬家中不慎丢失，母亲为此懊恼不已。

3

一般人会以为，程顺和后来这么成功，当年在大学里可能也是风云人物，其实不然。

程顺和在学校时并不活跃，与后来的总爱找人聊天、找一群人讨论问题不同，那个时候的他比较闷，更多时候像个独行客，专心学习。

有一门课程叫生物统计学，是基于概率论和数理统计的基本原理和方法，研究植物生产类专业领域中的数据采集、试验设计和统计方法的一门学科。程顺和觉得那是30多门功课里最难学的一门。就是因为难，他反而学得特别认真、特别好，成了生物统计学的课代表。教生物统计学的是马育华教授，著名的大豆遗传育种学家，这位教授在20世纪40年代不仅曾留学美国，还在加拿大参与过合作研究，他在美国的博士论文就是以大豆产量性状的遗传为选题。作为一个摩尔根学派专家，他也曾在学派之争中遭到打压，甚至他教授的课程一度被撤销。后来马育华教授编写过一本《植物育种的数量遗传学基础》讲义，是国内第一本介绍植物数量遗传学的著作。

生物统计学的难学之处就在于对学生的数学基础要求较高。这门课需要做很多的计算，要处理大量的数据。为了获取科学可靠的结论，需要把农作物的所有数据，产量、株高、穗数、粒数等数据进行处理，每个品种选几十个材料，把这些材料的相关数字一个一个相加，取其平均值，然后再把两个平均值拿来对比，看看两个品种的差异性是否真实。因为这门课很难学，有些同学成绩不好，考试挂红灯。那时有互助风气，优秀生要结对子帮助差生，所以每到考试前，程顺和总要挤出自己的学习时间去帮助其他同学温习功课。这样一来，他感觉自己的时间更不够用了。

大学里除了专业学习，还要参加政治学习。甚至政治学习的重要

性超过专业学习,学习完了,每个人都要写心得体会,写总结报告,开展批评和自我批评。

那个时候,程顺和常常为时间不够用而烦恼。他觉得自己很难平衡专业学习、政治学习与劳动三者之间的时间分配,这个问题常常令他苦恼。

南京农学院不仅在校区有试验田,还有校外农场。这种在校园之外设立农场、实验站的方法最早始于中华民国时期,是教会学校从美国借鉴来的。美国在林肯时代通过《莫里尔法》《哈奇法》和《史密斯-利弗法》,构建了"由各州赠地大学农学院及其农业试验站和合作推广站组成的农学院综合体",形成了教学、科研和推广"三位一体"的农学院办学模式。1914年,金陵大学数学教授、加拿大籍美国人裴义理(Joseph Bailie)创办金陵大学农科时,借鉴了美国农学院的办学模式,并一直沿用下来。

南京农学院的校外农场在江浦,不仅隔着整个南京城,而且在长江的另一边,去一次路途遥远,要从下关码头坐渡轮。去了以后,总要待上个把月。程顺和在那里做田间实践,搞良种繁育。程顺和回忆:在农场的同学中有周国芳。周国芳与程顺和同届,但不同班。周国芳是团员,又是班长,而且二胡拉得很棒,在大学时比程顺和知名度高。两人在农场时认识了,经常在一块交流谈心。毕业时,两人曾一同被分配去了扬州。

周国芳是农民科学家陈永康的学生。陈永康也是一位了不起的人物,他本是江苏松江(现划归上海)一个地地道道的农民,在长期生产实践中,摸索出一套水稻丰产经验,创造性地提出"三黑三黄"看苗诊断,并将水稻高产技术推广应用,他培育的水稻良种"老来青"被全国22个省、自治区、直辖市及15个国家引种。陈永康知道周国芳家境贫困,上大学不容易,而且他好学肯干,便有意帮他,让周国芳给他打工,到试验田去抽水,干一天给6角钱,还能得到一份飞机包菜。飞机包菜这名字听来高级,其实是没长好的卷心菜,菜叶张开像飞机翅膀,这种菜营养差、口味苦涩,当时却要凭票才能买到。周国芳希望程顺和也来陈永康的试验田打工挣钱,程顺和却不感兴趣,他的偶像是老校长金善宝，目标是小麦育种，因而专心于自己的专业学习。他有时也到陈永康的试验田去，但不是去打工挣钱，而是去看陈永康的试验，听他讲水稻育种。他相信小麦和水稻虽然有不同的育种方法，但同为育种，必然有相通之处，他希望能够从中受到启发和借鉴。

4

在专业学习之外，程顺和也做一些班级的工作。他属于做事极认真的那种，不管什么工作，只要他接受了都会认真去做。程顺和戏称，自己天生不是当官的料，在大学期间担任的最大的官是班上的体育委员，并负责院里的板报工作。

无论在校区还是在农场，程顺和一直保持着从高中时期培养起来的健身习惯，不管冬夏，每天清晨都要长跑。到大学四年级，临近毕业，时间非常紧张，有些同学对体育课很漠然，觉得浪费时间。程顺和这个班体委工作不好做，他曾向老师反映，老师要他耐心向同学解释，可有的人根本不听。程顺和觉得口头劝说效果不大，只有以身作则才有说服力。于是不管刮风还是下雨，他都坚持带头体育锻炼。三九严寒，早晨6点天还暗着，很多同学舍不得离开温暖的被窝，程顺和却已大步跑在操场上，清冽的空气清洗着他的肺腑，有种明净清凉而新鲜的舒适感，他很为那些贪睡的同学遗憾，因为他们错过了这样美妙的时光和感受。而同学则打趣他说，每天早晨都能看见他在操场上跑步，一个人，一圈又一圈地跑，像个机器人一样。程顺和不为所动，照样每天跑步。

跑步时，他也在思考毕业分配的问题。

同学们中有消息灵通的，已经放出话来，"今年可能毕不了业"。也有人说不可能不毕业，祖国建设需要，有多少岗位正等着他们去发挥作用呢。大家议论纷纷，莫衷一是。当时由于国家困难，国民经济调整，有些高校停办、合并，把学生精简下放，事后又召回学校复学或改变专业，造成一些学生延长学习年限、推迟毕业。有的地方则因为政府实施压缩城镇人口的政策，让大学毕业生返回家乡务农。

进大学是一道坎，大学毕业又是一道坎，而毕业这道坎对人生的影响更大更直接。情况不容乐观，未来何去何从？毕业季总是与炎热连在一起，似乎是嫌他们焦虑得还不够似的。窗外蝉声嘶鸣，知了……知了，可是他们却不知道命运之手将把自己带向何方。一个人、一个班、一个年级、所有学校的所有毕业班，好像一粒粒、一把把、一袋袋的种子，将被命运那只看不见的大手播撒出去，落在哪里？不得而知。贫瘠或者肥沃？繁华或者荒凉？谁知道呢，一切都是未知数。看起来有上千条路可以走，可要具体落实下去却又重重迷雾，身不由己最是无奈。心中迷茫，却无人诉说，更不敢告诉老师或父母，不相信长辈能理解自己，在青年人眼里，长辈仿佛没有年轻过，一出生就是那样了。

年轻的时候，总希望一切都明明白白有把握，却不知不确定性中包含着可能性，还不懂得不确定性的好处，厌恶不确定，而年轻的人生恰恰充满了不确定。

跑步的时候，他还思考这4年大学的学习他得到了什么？

他学到了基本的原理原则，学到了从事科研的基本观念，不是只求表面；他从马育华教授那里领会了田间误差与试验设计，采集高质量原始数据与科学分析的重要性。马教授还教给他宝贵的读书经验：看书的关键是理解、遇到难点可以暂时绕过去看后面，往往可以帮助对前面难点的理解；在跟随吴兆苏、刘大钧、俞世蓉、朱立宏、潘家驹等教授做专题研究、实验、实习时，他从在纸口袋上写铅笔字、使用显微镜等仪器、杂交时剪刀镊子的抓法等普通事情上培养出了科学研究严谨、规范的精神……点点滴滴，都为他后来的小麦育种工作奠定了坚实的基础。

1962年7月9日，程顺和填写了高等学校毕业生统一分配工作登记表。学校的评语：成绩优良，基础较好，学习认真，工作尚好。

4年大学一晃而过，人生中一个阶段结束了，新的阶段即将开始。就要走上社会，未来的路又将向哪儿延伸？他在等待中充满期盼！

第五章 泰兴良种场

1

黄昏，泰州老城，家家炊烟，户户明灯。内河穿城而过，蜿蜒的水流映着月光无声波动，石桥缄默，任桥上行人往来，桥下有船儿穿梭，船娘摇着橹，轻哼着歌谣，渐渐滑向夜的深处。一阵欢快的笑声，从跃进桥附近的招待所里传出，紧跟着笑声，走出几位青年男女，衣着鲜洁，神清气爽。从他们充满好奇、四处张望的目光和上衣口袋里夹着钢笔的样子，一望即知是外地城市来的大学生。这5个年轻人，正是程顺和与他的校友陈凤琳、钱爱琴、李羡月等刚刚走出校门、踏入社会的南京农学院毕业生。

前一天晚上，程顺和与十几位校友一起，从南京启程出发，前往毕业分配地扬州。一路上他们说说笑笑，掩饰着内心的不舍，在夜色中告别了相伴4年的南京农学院，告别古都南京，登上夜行列车，行驶在沪宁铁路线上，向他们的分配目的地进发。半夜里，他们在镇江下了火车，凌晨，再坐轮渡过江。渡轮上过江的客人身背肩扛，各种扁担箩筐以及车辆交织在一起，熙熙攘攘，好不热闹。渡轮行至长江江心处，看秋雾弥漫，江风浩荡，波涌汤汤，同学们兴奋起来，有同学开始吟咏唐人的诗句："金陵津渡小山楼，一宿行人自可愁。潮落夜江斜月里，两三星火是瓜洲。"旁边的同学就问："你愁什么？毕业了，分配了，应该高兴才是，你还愁！"其他同学立即附和，"对，应该高兴！"吟诗的同学立刻服软，"好，那再来一首：汴水流，泗水流，流到瓜洲古渡头，吴山点点愁。"又是个愁！大家笑得更欢。就没有不愁的吗？程顺和想起一首："京口瓜洲一水间，钟山只隔数重山。春风又绿江南岸，明月何时照我还。"程顺和说："这一首没有愁字。"有同学就答："这一首虽没有愁字，但通篇内容表达的也是个愁！"大家就笑作一团。看来有关瓜洲的几首唐诗都离不开离情愁绪。快上岸时，大家安静下来，想着前面就是人生停留的第二旅站，将来的第二故乡，不觉充满了对亲人的思念和对未来生活的憧憬。

根据事前的分配方案,这一行十余人并不都在扬州城里,而是分在扬州各县。因而他们在扬州只住了一天,便相互告别去往不同的地方。程顺和与陈凤琳等被分到泰兴县农业局。从扬州乘车去泰兴,大半天的路程,到泰兴时已近傍晚,人地生疏,几人商议,就在跃进桥附近的一个招待所住下,第二天再去单位报到。在招待所稍事安顿洗漱后,几人相约出门吃晚饭,顺便逛逛,于是来到了泰兴的大街上。

泰兴,乃是附泰州而生,因江水而兴,地理位置处于江苏中部,长江下游北岸,苏北平原的南部。这里最早是因长江冲击而形成的一个沙洲,不知何年何月渐渐有了人迹,汉代已属藩王封地,南唐时期置县,历史也真不算短了。县城不大,麻雀虽小五脏俱全,县政府、学校、医院、邮局、商店形成一个中心,还有一个像模像样的电影院,影院门前的墙上贴着一张红通通的小报,介绍当月放映的影片名称及内容,有《洪湖赤卫队》《红色娘子军》《新儿女英雄传》《枯木逢春》《英雄小八路》等影片,小报就是这影院出的,故事梗概写得很有文采,程顺和看了开心地说,以后逢着休息,可以到这里来看电影。钱爱琴就打趣:"程顺和,看电影要2个人来看,你和谁来看电影?"李羡月也跟着起哄:"对呀,你和谁来看电影?快说,快说!"唯有一旁的陈凤琳看看他,没有吭声。没想到的是,以后相伴程顺和一起来看电影的人竟是她。

老城轮廓如圆,当地人称"西瓜城"。此时,外侧原有的旧城墙已被拆除,填成了环城路。事实上,这圆形城郭颇有来历和讲究,系乌龟造型,加上四通八达的市河与外河,正组成一个"龟背腾蛇"之状,也就是中国古代传说中四大神物之一"玄武"。"玄武"为水神,人们深知水能兴、亦能覆,故将此因水而兴的城市规划成如此模样,寄望以水神之灵震慑江河,以求安泰。这城里水多桥亦多,什么岳师桥、香花桥、三思桥、迎春桥、起凤桥、隆盛桥等,或如拱月,或似玉带,镌刻着岁月的风雨。他们经过一座桥的桥堍时,发现有人拎着篮子在贩卖新鲜的菱角和鲜藕,有女同学顿时惊喜大叫,"买点!买点!"其时已是1962年9月,头一年,还处在三年困难时期,人民生活困难,

党中央八届九中全会通过了八字方针："调整 巩固 充实 提高"，调整国民经济各方面的比例关系，提高了对农业的重视程度，要求各行各业支援农业，也放开了自由市场，到1962年，经济逐步得到恢复和发展，街头才又出现了小贩的身影。

菱角很甜，鲜藕很脆，这是泰兴城留给程顺和的第一印象。

几个年轻人就这样优哉游哉在这陌生的小城里边走边看，边走边聊。穿曲巷小街，过高门大户，沿着街市走去，一路可见古县衙、千年银杏、观音庵，庆云寺的宝塔遥遥在望。苏利巷、南草巷，小巷幽深，巷口老虎灶水汽腾腾。他们走到一个小铺前，发现门口的红泥烤炉边放着几块烧饼和山芋，香气弥漫。"这就是黄桥烧饼吧？"钱爱琴问了声。老板娘正在刷锅，漫声应了句什么，几个人面面相觑。陈凤琳是南京人，完全没听懂，程顺和也一样。泰兴处于吴语与江淮官话的过渡地，方言与扬州又有不同。没想到同在江苏，一江之隔语言差异这么大。周国芳是扬州人，能听懂个大概，立马翻译，"这就是黄桥烧饼，很好吃的！"

黄桥烧饼本是当地的一种普通烧饼，却因黄桥战役而闻名遐迩。1940年10月，由陈毅、粟裕等指挥的黄桥决战在此间打响，决战期间，黄桥人家家户户赶做"黄桥烧饼"，车推担挑送往前线，还组织担架队抢运伤员。那一仗，新四军以不足7000人的兵力打败了国民党顽军韩德勤部万余人马，战果十分辉煌，谱写了一曲可歌可泣的人民战争胜利凯歌。与此同时，著名的《黄桥烧饼歌》也随着新四军的脚步传遍大江南北。中华人民共和国成立后，黄桥烧饼还入选了开国大典的国宴。老板娘见多识广，发现这几个谈吐不俗的年轻人不懂方言，便努力说起了泰兴味的普通话，她以为眼前这些人又是来泰兴采风的作家记者，便绘声绘色地唱起烧饼歌来："黄桥烧饼黄又黄哎，黄黄烧饼慰劳忙，烧饼要用热火烤哎，军队要靠老百姓帮。同志们呀吃个饱，多打胜仗多缴枪！"

电影《东进序曲》此时正在全国热映，程顺和他们前不久才看过，没想到跨出校门第一步就分配到了这七战七捷的首战之地，心中也不由激情澎湃。泰兴还是特级战斗英雄杨根思的故乡。在抗美援朝战争中,杨根思所带部队打退了敌人的8次进攻,在弹药用尽的情况下,他只身一人抱着仅剩的炸药包冲进敌人群中,与40多个美国兵同归于尽。英雄的丰功伟绩激励着这些年轻人,不觉对泰州增加了亲切感。"老板娘,每人来两块烧饼!"

第二天,他们起了个大早,早饭又是黄桥烧饼。吃完烧饼,便赶去县农业局报到。那个年代,大学生可是稀罕人,多少单位抢着要。他们几人被分往不同的单位,周国芳分到县农业局下属的样板点,一个叫毗卢寺镇的地方;陈凤琳被分到了黄桥农机推广站;程顺和则被分到县稻麦良种繁育场……这看似不经意的分配,决定了他们日后不同的人生方向,"人生最关键的往往就是那么几步",由此可见最初的平台很重要。

2

良种场位于县城西郊,距县城三五里远,临近长江。程顺和跟着接他的人来到良种场,四下张望,不觉哑然失笑,和他想象中的一模一样。良种场的办公场所就是一排草房子,书记、场长、会计都在里面办公,实验室是根本没有的,仪器设备更不要谈。他在学校期间,住过农村生产队,住过学校的试验田,早已习惯眼前的工作场景。他的心底一股暖流涌起,一张白纸好画最新最美的画图,简陋的工作条件更能发挥自己的专业特长——良种繁育。我一定要在这儿干出一番成绩!那一瞬,他头脑里全是这些想法。

场长戴贵山是个老革命,他热情地握住程顺和的手,如同长辈拉家常般亲切地说:"小程啊,你是我们场的最高学历,墨水喝得最多,良种场能不能搞好,今后可就看你的啦!"

那时的年轻人崇拜英雄,程顺和知道场长是个老革命,格外敬重,表决心一样说:"请场长放心,有条件要上,没条件也要上,我一定向你们这些革命前辈学习,在良种场生根、发芽、开花。"

场长笑眯了眼,"我没看错,挑了个好小伙来!"他拍拍程顺和的肩膀:"好好干!"

工作任务很快分配下来。县上原先有个农科所，在机构精简中撤销掉了。吃饭是头等大事，单位可以撤销，农业科研不能停，工作还得接着做。所以，领导决定让程顺和接农科所以前的摊子，继续做试验，搞良种选育，而且是多品种育种，大麦、小麦、元麦都搞。场长又把原农科所的一名工人分派给他当助手，这位助手就是蒋兆丰，两人成立了一个试验小组。

泰兴自古也是一个米粮仓，这里的土质有高沙土地，也有沿江水田，不仅出产稻、麦，还盛产白果、花生、元麦、荞麦。当地人将元麦籽粒细磨成的粉称为"糁子"，用它煮成红色或浅褐色的糁子粥，香味浓郁、口感上佳。泰兴的白果更是经久驰名，全县千年以上的银杏树有几十棵，超过500年的上百棵，每到深秋，那金灿灿的银杏树美得好似锦绣，那一担担的白果更是以物易物的抢手货，早在清代、中华民国时期就已行销南北、出口南洋。程顺和的家乡也多水，但那是依山傍水，山清水秀，这里则是有水无山，水网纵横，一片平畴，风味自大不同。

时值9月，大片的稻子即将收割，田头地脚紫色的扁豆花、黄的南瓜花，林带里蓝色的牵牛、粉红的七姐妹热热闹闹开得正艳，树上的石榴、柿子、枣儿，黄澄澄、红艳艳，好像也在招呼人家赶紧来采摘。程顺和刚安顿下来，就扛着铁锹来到田边，要参加劳动。场长惜才，大手一挥朝他喊："走开！走开！这儿不用你，你的任务是育种。"程顺和只得走开，去研究前任的育种试验计划。

程顺和把那份计划前前后后看了几遍，不觉皱起了眉头。没想到一开始就遇到了问题。一来，农科所撤销后，原班人马已解散，他对以前试验的情况不了解，又找不着当事人，摸不着头脑；二来，他发现，原来的计划中存在一些问题。眼看秋播在即，农时不等人啊。程顺和心中着实焦虑。他向蒋兆丰及其他人了解相关情况，针对计划中的问题，经过思考琢磨，把不合理的地方作了适当修改，遇到弄不懂的问题，不像以前在学校里可以直接去向老师请教，现在只能自己查资料。查资料这件事，往往越查问题越多，因为一个问题总能牵扯出另一个或一些问题，这样查下去，对扩大知识量有好处，但是却非常耗时耗力。为了拿出新的完整、完善又具体的试验设计，程顺和拼尽全力，白天去田头测量，计算开墒、挖沟、间距、行宽，能种多少材料等；晚间也不闲着，脑筋一旦开动想停也停不下来，一会儿一个念头，一会儿一个想法，一夜起身三四次，打着手电把想法记录下来，生怕一觉过后第二天忘记了。蒋兆丰同他睡一间宿舍，半夜醒来，见他还在忙着，劝他注意休息，他摆摆手，"没事，没事，你睡你的！"

程顺和没有想到，修改试验计划的事会引来一些议论，说好说坏的都有，有说他年轻没经验，有说他玩花头。幸亏场长支持他，大手一拍定乾坤："小程，你放开手去干，我支持你！干好了，成绩是你的，干错了，责任我来承担。我相信，大学生那墨水可不是白喝的。"场长一鼓劲，程顺和暗暗较劲，要把从学校学来的一整套理论规规矩矩地落实在实践中，按自己的想法干下去，不辜负老场长期望，一定要干出成绩来！

3

民以食为天，食以土为本。播种的前期工作是整地。

要想育种试验获得成功，首先必须按照规矩把地整好。程顺和在学校里学的是威廉斯土壤学，威廉斯是苏联乃至国际上有名的土壤学家，他的土壤学帮助苏联农业取得了发展，就连毛泽东主席也建议大家要学习威廉斯。毛主席在1962年1月30日的中央工作扩大会即7000人大会上说：在社会主义建设上，我们还有很大的盲目性。拿我来说，经济建设工作中间的许多问题，还不懂得。工业、商业，我就不大懂。对于农业，我懂得一点。但是也只是比较得懂，还是懂得不多。要较多地懂得农业，还要懂得土壤学、植物学、作物栽培学、农业化学、农业机械等等；还要懂得农业内部的各个分业部门，例如粮、棉、油、麻、丝、茶、糖、菜、烟、果、药、杂等等；还有畜牧业，还有林业。我是相信苏联威廉斯土壤学的，在威廉斯的土壤学著作里，主张农、林、牧三结合。我认为必须要有这种三结合，否则对于农业不利。所有这些农业生产方面的问题，我劝同志们，在工作之暇，认真研究一下,我也还想研究一点。

　　这位备受毛泽东主席推崇的杰出土壤学家,在研究了土壤的演化和植被演化的关系后,提出了土壤生物有机体及土壤肥沃性的新概念,创立了土壤生物学研究方向。威廉斯特别强调"团粒结构"是土壤结构中最好的一种,这种团粒结构能协调土壤、水分和空气的矛盾,从而使土壤中水、肥、气、热状况协调,有利于土壤将养分释放给作物吸收,而且团粒结构的土壤疏松,耕作起来也更省力。而要使土壤形成团粒,条件有两个:一是胶结物质,主要是黏粒,腐殖质和微生物的菌丝及分泌物与钙胶结;二是外力挤压。深耕、免耕、滴灌、水旱轮作,都有利土壤团粒结构的形成。

　　在当时阶段,深耕、密植是粮食夺高产的法宝,田地要深耕,施肥要到位,种子播下的间距甚至要用尺子量,麦地里不能有积水。为了将排水沟挖得又深又整齐,程顺和自己找到铁匠铺,请师傅按照他的设计打了一把特制的"塘桥锹"。程顺和扛着他的大锹就下田去了,一锹铲下去就达到了深度要求,惹得众人都来围观。场长戴贵山得到消息,乐呵呵地也前来观看,并从程顺和手中拿过锹来,亲自试着铲了几铲,又便当又顺手,直夸程顺和聪明、肯动脑筋。"就按这个样子多打一些,场里人手一把!"场长拍着程顺和的肩膀:"你指挥就行,劳动的事让别人来干。"这回程顺和没听场长的,说:"场长,理论要和实践相结合,你要知道梨子的滋味,就得亲口尝尝。""谁说的?""毛主席!"场长就笑,"好,咱们听毛主席的。"就这样程顺和就跟在老工人后面学种地了。老工人说:"程技术员,你在技术上把把关就行了,这种翻地挖沟的粗活我们来干。"程顺和就说:"我要连种地这种粗活都不会干,还怎么育出好品种?"那时,拖拉机就是社会主义新农业的形象代表,用拖拉机耕地效率高,但是农机不够用,耕地只能一部分靠拖拉机,一部分靠牛拉犁铧,更多的时候还得人工用锹挖。数月下来,这些农活他都跟在工人后面学会了,扛着鞭子赶牛扶犁、开拖拉机,样样都是好手。

　　地整好了,接下来就是播种。俗话说:"种瓜得瓜,种豆得豆。"育种育种,种子是关键。良种繁育,亲本材料是关键,这个亲本可不是随随便便挑到篮子里就是菜。育种首先要明确目标，未来品种应该达到什么要求，是能丰产？还是能抗病？是有广泛的适应性？还是具有良好的品质和口感？最好是这些特性都具备。但程顺和清楚，这是不可能的，良种也只能是相对优良。每个时代人们的生活和消费水平不同，对农产品的要求也各不相同，在当时那个年代，夺高产是育种的首要目标。这也符合马斯洛的需求层次理论，只有满足了最基本的生理需求之后才能谈及其他更高需求。老百姓俗语说得实在："没吃饱时，只有一个麻烦；等吃饱了，就有许多个麻烦，都是吃饱了撑的。"

程顺和带着蒋兆丰对育种的材料进行精挑细选，他对蒋兆丰说："农业生产既是人们最基础的生产需求，同时也是非常脆弱的产业，极大地受到自然环境的制约，地理条件、天气条件都对农业生产具有重大影响。过去老百姓说'靠天吃饭'，现在搞科学育种，就是要提高人对农业生产的能动作用。所以，要育出理想的种子，首先需要选取适当的亲本材料，亲本材料必须具备一定的优良特点和性状，所以要好中选优。"

蒋兆丰说："这个我懂。就好比人的优生优育，要想生个漂亮健康的孩子，父母至少有一方得是漂亮或健康的，对不对？"

程顺和笑着点点头："你这样说也对，通俗易懂，但育种又与优生有不同，植物不讲究一夫一妻，材料越丰富，相互杂交，育出好品种的可能性也越大，因此要尽可能多地搜集材料。"

蒋兆丰听后也大笑起来："程技术员，你挺幽默的啊！"

当时，亲本材料的收集有两个渠道：一个是育种；一个是引种。育种是自己一代代地选育；引种是从外地直接引来优良品种。当时在长江中下游广泛种植的南大2419、矮立多，就是金善宝先生通过育种培育的小麦品种，而阿夫、阿勃则是直接从国外引进的。

程顺和为了能育出好品种，一心想多弄些材料来进行实验，却不料这大大增添了他日后的工作量，这是他始料未及的。

农科所的前任留下了一批材料，程顺和自己也搜集了一些。在江浦农场搞田间试验时，别的同学做完就完了，他却做了个有心人，在征得老师同意后，留下来一些优良种子，他把这些种子用纸包好放在一个帆布包里,并且带到了泰兴来。这时,他打开从南京带来的帆布袋,小心翼翼地捧出一个纸包,里面是一捧金黄的麦粒,他打算把这些种子与本地农场的种子播在一起。

深秋时节,江风浩荡,早晨人冷得像寒号鸟,中午又闷热烦躁。程顺和同蒋兆丰蹲在地里播种。播种是个简单而需要耐心的活,一行就是一个品种,千万错不得,种子得播撒均匀,出苗后才能最大限度地得到营养和光照,他一面仔细完成自己手中的工作,一面指导蒋兆丰作业,要耐心细心,完全按照规范来做。

场长带着两个老工人来助阵,大家一边干活一边聊了起来,程顺和就给大家讲孟德尔、摩尔根、米丘林,讲威廉斯,讲植物的形态分析。老工人说:"种地的事儿还有这么多学问?咱从老辈上传下来,现在还要听外国人的?"场长就说:"如今时代变了,既要有经验,也要有科学,那消灭血吸虫病,不也是靠中西医结合嘛。"

几个人谈古论今,说中道西,好不热闹。

程顺和深知播种只是一个周期的开始,田间管理和栽培技术对小麦生长有着直接影响,他跟场长说:"这播完种子,后面的事情更多,试验小组两个人实在忙不过来,再给我派个人手吧。"场长让程顺和再克服一阵子,眼前实在找不到人。

接连忙了数天,总算播完种子,看着耙得平展展的土地,程顺和长舒一口气,他仿佛看到了麦子成熟时的丰收景象,那种下地的不单是种子,还有他的期待和梦想,麦子的未来与他的未来紧密相连,是一种生命的过程。

从此,不管刮风下雨、烈日严寒,程顺和都会按时出现在田里。

都说秋风秋雨愁煞人,程顺和却欢喜下雨,刚播的种子正需要几场秋雨来催芽。黎明前,金乌未起,玉兔遥落,风轻露重,秋气弥横。霭霭的雾气中,一个身影出现在良种场试验田边,一圈又一圈,围着试验田跑步。程顺和喜欢晨练,边跑边查看地里的出苗情况,一举两得。

一个星期过去,麦苗星星点点钻出地面;十来天过去,成行成行地冒出头来,叶芽纤细嫩黄,颇有草色遥看近却无的味道;二十天过去，麦苗壮了许多，直挺挺地仿佛一柄柄朝向天空的利剑，生气十足。程顺和脑海中闪现着眼睛无法看见的画面，地面下，胚乳正在向胚芽提供营养，使子叶能够冲破地面的阻力和重力不断向上，而新生的根系则在努力地向大地深处延伸，以汲取更多能量。他第一次觉得麦子竟是这样好看、这样亲切。以前也不是没见过，但那好像是别人家的孩子，见得再多也不关己心，这一回是自己养的孩子，便格外挂心。他的胸中涌起一股强烈的感动，感动于天覆地载之伟大，感动于一粒麦种播进地里便可生出绿茵茵的麦苗，向人们传递生命的喜悦，他感到自己也正在与这些麦苗一同生长。

第五章 泰兴良种场

第六章 种子和爱情

1

春天来了,东风吹融了冰雪,染绿了草尖。程顺和围着试验田里的麦苗打转,观察、记录、测量……原本计划4个人做的工作,还是只有他和蒋兆丰2个人干,忙得团团转。他又向场长反映人手不够,要场长给他派个帮手来。

场长对他说:"我已经到局里要求过了,局里说很快就能派来!"

阳春三月,草长莺飞。小麦生长进入加速阶段,各个品种都比赛一般地拔节。一天,程顺和与蒋兆丰正在田里除草,忽然听见有人喊他,循声望去,原来是一个老工人远远地喊:"程技术员——场长叫你到办公室去一下。"程顺和心想,会有什么要紧事呢?他向蒋兆丰交代几句走出麦地,把鞋边的泥在田埂草棵上蹭了蹭就向办公室走去。

老远就见场长在办公室门外等着他,看见程顺和走过来,大声说道:"你的助手到了!"程顺和心头一喜,左右旁顾却并不见什么人,"场长,人在哪儿呢?"这时,从办公室里面走出个人来,"在这儿呢!"一见那人面容,程顺和不禁睁大了眼睛:"哎,是你?!"

"怎么,不欢迎啊?"办公室里走出来一位柳眉凤目的姑娘,只见她粉面微倾、樱唇轻启,灵巧的手指抚着辫梢,向程顺和半笑半嗔道。

"哪里,欢迎欢迎!"程顺和不好意思地摸摸后脑勺,终于伸出手去,与姑娘握了握手,从行动上表示欢迎。场长哈哈大笑:"小程啊,助手我给你找来了,她的任务就由你安排!我可把她交给你啦!"说完转身离去。

来者何人?正是半年前与程顺和同路,从南京来泰兴报到的农学院校友陈凤琳。

陈凤琳是位南京姑娘,家住在南京热闹繁华的老城南。中华人民共和国成立前,她的父亲与母亲在南京三山街一带开店做生意,那地方现在也是有名的商业区。父母开店赚了钱，又在城郊麒麟门购置了田地，家中颇有些资产。1937年底，侵华日军攻进了南京，她父母及其他亲戚都出城跑反，近一年后才回城。她的一个堂哥，比她大几个月，就出生在跑反的路上，于是取名叫"路生"。她稍幸运一些，是在跑反之后返回南京家中生的，大难之后，格外疼爱，取名凤琳，意为美玉凤凰。

陈家有三姐妹，陈凤琳最小，上面有两个姐姐。大姐在困难时期响应国家号召"到最艰苦的地方去"，去了内蒙古，苦和累没有少吃。二姐大学毕业后从事的是经济工作，找的爱人是个老革命，生活美满。父母最悬心的便是这小女儿，总想把她留在身边。可要强的陈凤琳坚决服从分配，大学毕业被分到泰兴，父母心里少不了牵挂。

陈凤琳高高兴兴地在黄桥农机站开始了人生第一份工作。没想到，在农机站待了半年，组织上又把她调到良种场来给程顺和当助手。

早在从南京到泰兴来报到的路上，陈凤琳就注意到了程顺和。在学校时，他们并不相识。程顺和学的是遗传育种专业，陈凤琳学的是土壤化学专业，二人并无交集。报到路上，一路火车、轮船、汽车辗转，同学们聊专业、谈未来，她就注意到这个个头中等的男同学谈吐不俗，行事稳重，满怀抱负，很有好感。

同学相见，分外亲切。程顺和帮着陈凤琳把不多的行李搬到宿舍。现在，陈凤琳成为他的助手，与他毗邻而居了。

那一排草房子坐北朝南，有六七间，陈凤琳的宿舍在最西头，与程顺和的宿舍只隔着一间，中间住的是会计，其他三间房住着场长、书记，还有社教期间从里下河农科所下放来的一对夫妻。后面一排房子住着良种场的老工人。年轻人只有他们俩。

增加了陈凤琳做帮手，程顺和感到工作顺利多了，专业和不专业，训练过和没经过训练，那区别还是很大的。两人是校友，一个学育种，一个学土化，工作上思路一致，相辅相成。关键是陈凤琳能领会他的用意，也肯听他的安排。两人合作得非常愉快，白天干活，晚上读书学习。程顺和动员陈凤琳晨起跑步，可陈凤琳不喜欢剧烈运动，她身体弱，心脏吃不消，于是两人有时会在傍晚一同散步，伴着蛙鼓蝉鸣，

谈谈眼前的工作、未来的打算、远方的父母、日常的生活，相互的了解就这样点点滴滴增进了许多。有时，他们也会走上三五里，去县城看电影。那时的电影以战争片为多，《地雷战》《地道战》《南征北战》《渡江侦察记》等，偶尔也有《青春之歌》《刘三姐》《李时珍》这样文艺一些的片子。

陈凤琳来到良种场后，钱爱琴、李羡月两位在泰兴的女同学星期天便来串门。周国芳、王留生、俞敬忠等其他同学也常来走动。王留生、俞敬忠也是南京农学院遗传育种专业的，他们比程顺和早一届毕业。王留生在扬州市种子站工作，经常下来各个地方跑。俞敬忠毕业时被分配到泗阳县种子站工作，但他对棉花育种有强烈兴趣，主动要求调动到条件十分艰苦的泗阳县棉花原种场去工作。他不但自己去了棉种场，还把他的恩师吴兆苏也弄了去。吴兆苏被打成"反动学术权威"要下放劳动。俞敬忠让老师到棉种场来，其实是把老师保护了起来。想当年吴兆苏器重这个弟子，总叫他"俞教授"，"俞教授"也果然不负老师的器重，成了棉花育种的专家，他在泗阳原种场一干就是20多年，先后育成泗棉1号、泗棉2号、泗棉3号等品种，相继成为长江流域棉区的主体品种，使泗阳棉花原种场成为全国著名的棉花良种繁育与育种基地，后来又历任原农业部棉花专家顾问组组长和江苏省农林厅厅长、江苏省人大常委会副主任等职，当然，这已是很多年后的事了。

同学们聚在一起，都会大呼小叫乐呵着聚餐，自己动手，就地取材，制作纯天然食品。春天里，地头田脚的时鲜野味是大自然无私的奉献，槐花飘香时吃槐花炒鸡蛋，秧草鲜嫩时吃清炒草头，还有什么凉拌枸杞头、马兰头，配上黄桥烧饼、荞麦扁团，运气好的时候，河里捉两尾"虎头呆子"，弄几块豆腐炖一炖，就是上好的美味了。

一天，钱爱琴她们来良种场找程顺和，面带愤然之色，向他述说定工资时遇到的不平事。

原来，他们刚参加工作时是实习技术员，拿的是实习工资，每月42元5角。实习期满转正后，工资按照级别来定，应该是每月51元。程顺和与陈凤琳在良种场这边工资已定为51元了，可是钱爱琴她们转正后的工资却还是40多元。两人很是委屈，却又拿不出主张，便来向程顺和诉苦。程顺和叫她们先问问领导，她们说问过领导了，领导说县上就是这样定的。程顺和说："这不应该，大学毕业生的工资定级是有规定的，他们这样做违反规定。"那怎么办呢？几双眼睛都盯住了程顺和，仿佛要从他脸上找到答案。程顺和低头想了想，说："你们不要烦恼了，这件事我来想办法。"

当天晚上，他在灯下摊开了信纸，给扬州地委组织部写信，反映情况。他在信中指出，既然有政策，基层单位就应按照政策来办，不能想怎样就怎样。信发出后，大家都期待着回音。陈凤琳有些担忧，傍晚时分，两人在田边散步时，她问程顺和："你这样越级向上面写信反映情况，会不会犯错误，被领导揪小辫子呢？"程顺和说："不越级反映有用吗？他们这么做就是不对，对不正当的事就应该反对，应该批评。"早年读《七侠五义》时那股路见不平拔刀相助的意气在他胸中鼓荡。他心里暗想，做最坏的打算，大不了受批评或处分，如果那样的话，他也不会罢休，一定要向更高的组织去反映。"但愿你这封信写得不是瞎子点灯白费蜡。"见他面色不快，陈凤琳出语安慰。

结果事情非常顺利地解决了，组织部很快派人下来了解情况，钱爱琴单位很快做了改正，两位同学的工资都按政策调到了51元。大家都为钱爱琴等人高兴，更佩服程顺和敢于仗义执言的胸怀。陈凤琳看程顺和的目光中也多了几分钦佩，佩服他敢于坚持原则、乐于帮助同学。

2

场里的老人也大都佩服程顺和，认为他有思想、肯钻研、能吃苦，是棵好苗子。但也有个别存有旧观念的老同志对他看不惯，常常挑他的毛病。他曾为此苦恼过，给母亲写信倾诉委屈，母亲劝导他："走上社会，进入一个新单位，难免受些挫折与误解，要注意同大家搞好关系，只要不是原则问题就不要放在心上。"

一天夜里，程顺和正睡着，忽然被一阵紧似一阵的敲门声惊醒，

"小程！小程！"是一个男人的声音。程顺和下床开门，只见那个从城里下放来的邻居焦急地说："小程，帮帮忙，我爱人要生了，得赶紧送医院。"一听此话，程顺和赶紧穿衣套鞋，起床去帮忙。夜色苍茫中，程顺和同邻居拉着板车把孕妇送到了城里的县医院。邻居留下来照顾产妇，程顺和独自一人将板车连夜拉回了场里，这样一折腾，程顺和等于大半夜没睡，哈欠连天，但内心却很兴奋，因为一个新生命将在农场诞生，这是个好兆头。第二天，传回消息，说邻居家生了一个女婴，母女平安，全场的人都很开心。邻居给场部的人送红鸡蛋报喜，特意给程顺和多送几个，程顺和舍不得吃，悄悄留给陈凤琳。

良种场里添了人丁，那麦子也到了孕穗抽穗、扬花授粉的关键时期，真是一天一个样儿。程顺和从早到晚待在田里。早晨，他迎着晨风跑步，呼吸带着露水清香的湿润空气，活力随着朝阳一同升腾。回来匆匆吃过早饭，他又拿着记录本下地了。到处桃红柳绿、春花烂漫，就在去向麦地的路上，野蔷薇悄然绽放，陈凤琳会不时蹲下来采上一朵，而程顺和却视而不见，眼里只有麦子。他在田间观察，一行行长相各异的小麦，有的高些，有的矮些；有的分蘖多，有的分蘖少；有的穗长，有的穗短；有的叶密，有的叶稀；有的健壮，有的萎靡……他像一个将军，检阅着自己的大军，在万千将士中选拔精英，觉得哪个麦穗不错，就先做个记号，以观后效，还要在本子上写写画画记录下来，是哪一块田哪一行什么品种，以备将来查验。

他发现老师给的那些麦种长出来后，一些麦子的个头比较高，茎秆也比其他麦子粗壮些。他也给这些麦子一一做了记号，并进行详细记录，计划着从这些结实中再选取一些各项性状表现突出的做种子，继续繁育。

春夏之交气候多变，时雨时晴、时热时冷，季风来来去去，风与风打起架来，刮得大树弯腰、麦浪翻卷，程顺和像心疼初生婴儿一样心疼那些麦子，这一场雨要浇落多少花朵，那一阵风又要吹伏多少麦秆？他喜欢艳阳天，因为阳光会给麦子输送能量，除此之外，阴天雨天风天寒天，他都要担心，整天牵肠挂肚。陈凤琳忍不住笑他，"这是麦子，又不是毛娃（南京方言，婴儿），你担心得也有点太过分了。"

程顺和说:"育种这个事,做,很容易;做好,可不简单。"陈凤琳见他一本正经的样子,便说:"是啊!是啊!看你这么用心,不出成绩老天算瞎了眼。"

谷雨生百谷,小满籽粒盈。大自然有它行之不悖的规律,眼看着麦种秋天下地,冬前出苗,眼看它初春返青,仲春花黄,眼看着一株株麦穗已开始灌浆,籽粒像充了气的小球一般鼓胀起来,那是小麦的灵魂,是育种者的心血,是天地间的能量,万千众生的营养。如今,这广阔的田野在程顺和的日日陪伴下已到了临产期,一片金黄。

真正考验人的时候到了,不只考验眼力,还考验体力。考眼力是选种,得从万千麦株中挑选出真正的好品质材料;考体力是收割,俗语说"稻要养,麦要抢",小麦成熟的时候正值雨水较集中的季节,因此要抢着收割,否则会因连阴雨而发生霉变。收麦又比收稻难,麦子那一根根芒刺护卫着宝贵的籽实,一片片叶子像锋利的刀片,天气炎热,人穿短袖衬衫在麦田里收割,露在外面的胳膊被麦芒麦叶扎伤、划伤,痛痒难忍。樱桃好吃树难栽,社会主义等不来,发扬吃苦精神,就是一个字:干!程顺和一忙起来就忘了这些,蒋兆丰更不甘落后,陈凤琳也在田头帮忙,汗湿衣衫,胳膊晒得通红。他们必须抢时间把所有材料都收割下来,不但颗粒归仓,还要汰劣选优,为下一步育种做准备。场长要找人来帮忙,被程顺和拒绝了。这可不是人多力量大能解决的问题,每一个品种都得单独收割,单独脱粒,搞混了可有大麻烦,不但前功尽弃,后面的研究也难以进行。收割、搬运、脱粒、晒场、考种、入库,所有活儿都是3个人自己干。每天早上起床都得做一番挣扎,浑身肌肉酸痛,大腿硬得像石块一般,手掌心被镰刀把磨得火辣辣,肩膀酸得像要抽筋。

这时候,程顺和才发现他给自己挖了一个多大的坑。当初为了提高育种效率,找来了很多材料种下,现在因为不同的麦子成熟日期有先后,而为了不使种子混淆,必须得一小块一小块地分别收割、分别脱粒。本来人手就少,现在工作量又这样大,忙得昏天黑地。领导要求他弄简单一点,来不及就放一放。他舍不得,哪一个材料都不愿放弃。这就苦了3人小组,每天都在超负荷劳动。有一点值得怀念,就是那个时候的劳动气氛与现在有所不同,在物质不够丰富的年代,人们对精神的追求便格外迫切,高音喇叭里总是播放着激扬奋进的歌曲,《军民大生产》《团结就是力量》《英雄赞歌》《我的祖国》《学习雷锋好榜样》等,这些歌曲与当时人们建设社会主义新中国的热情紧密契合,听在耳中总能让人浑身充满力量。

6月骄阳似火烧,程顺和头戴草帽,围着肩垫儿,一条毛巾搭在颈间,一根扁担颤颤悠悠,挑了麦把挑麦箩,活脱脱一个壮劳力。场长见了直点头,陈凤琳见了却心疼,怕他累着,劝他少挑点。他说:"不碍事,这点活算啥,再重点也能挑。"蒋兆丰听了在一旁起哄,对陈凤琳说:"要不你坐进箩里去试试?"幸亏天热,陈凤琳的脸本来已经红了,她白一眼老蒋,"说话不着调!"抓起一把麦秆要打老蒋。

倦鸟归林,夕阳挂在远树的枝丫间,斜阳斑斑如洒金。黄昏的大晒场,连枷声声。黑夜就要来了,暑气却未减,大地受了太阳一天的辐射,此刻又将热力蒸腾出来,陈凤琳围了头巾躬身打场,一连枷下去,穗禾随着压力和啪啪声弹跳起来,尘烟腾腾,细碎的芒壳迸溅,有些随风飞扬,有些落在陈凤琳的刘海与辫梢,落在她精致小巧的鼻尖,弄得她一阵痒,不由得皱眉耸鼻。细密的汗珠从额头沁出,越来越大,终于不堪重负从额头顺着面颊滴落下去,身上的布衫也已汗湿。她喘着气,用力挥动连枷。忽然,旁边伸来一只手,"给我吧,你歇歇。"是程顺和。

陈凤琳交过连枷退到场边,擦了擦汗,一边拿起军用水壶喝水,一边偷眼望向程顺和。只见他肩上搭一块毛巾,正呼呼生风地抡着连枷挥向麦穗,连枷落在麦穗上,发出啪啪声响,这时她看程顺和的眼神便有了异样,一种说不出的情绪涌上心头。

程顺和知道陈凤琳在打量他,并不言语,低头打场。可她的面貌却清清楚楚地在他眼前晃动,她有一种古典婉约之美,不笑时如明月照静水,笑起来如桃花绽春风。这么娇美的南京姑娘、大学生,在这儿干又脏又累的农活,也真难为了她,况且她身体羸弱,常常生病,就像林黛玉,他们是校友又是同事,他觉得自己应该帮助她、保护她。

晒场、打场最怕下雨,偏偏这时雨水多,有时"东边日出西边

雨，道是无晴却有晴"。碰上这种天气，他们就得小心，随时对老天察言观色。早上陈凤琳在屋外刷牙，看见太阳露了一半脸，躲在云层后犹抱琵琶半遮面，像是要下雨的样子，便问程顺和："今天还晒不晒呀？""晒！"程顺和已跑了5公里回来，边擦汗边说，"你盯着点，落雨就赶紧拿油布盖。"

麦收接近尾声时，县农业局的领导找程顺和，要他去写个材料。他去了，本以为很快能结束，却一下子弄不好，这边良种场又催他赶快回来，程顺和分身乏术，有苦难言。他在日记中写下了自己的苦恼，检讨自己经验不足，并对将来的工作提出改进计划。

经验不足，这是每一个初步踏入社会的年轻人都会遇到的问题。生活没法预先排练，没有人能确知自己的使命和意义，都是在摸索中前行，能一眼看清的，只有来路。

3

大忙结束后，麦地被翻耕，又将种上水稻和荞麦。那原本铺满黄灿灿麦子的田地此刻一片空荡荡，原来的耀眼色彩暂时消失，而未来，庄稼将一季又一季前赴后继地生长出来，色彩变换又将轮回。大自然是最好的舞台，时间是最好的魔术师。

王留生又下来到各处转，搜寻好品种。来良种场时，程顺和把结的麦种给他看，王留生看了连说好。程顺和听了很高兴，在脑中规划着新的良种试验设计。

王留生这次来泰兴，还带来了老同学俞敬忠。程顺和招呼他们一块吃饭。俞敬忠问程顺和："胡善鑫跟你是同学吧？"程顺和说："是，我们同班，他在学校时学习成绩很好的。"俞敬忠说："他也在泗阳棉种场，他身体不好，你以前知不知道？"程顺和说："不大清楚，究竟怎么了？"俞敬忠说："前阵子他心脏病发作，很严重，我去他家看他，他连路也走不了，是我把他抱到车上送去医院救治的。到了医院，医生说，要来晚了他就没命了！""啊？他的病这样严重？""是啊，他还那么年轻。"

胡善鑫生病给大家敲了警钟，互相嘱咐要爱护身体。身体是革命的本钱！程顺和对列宁这句话有了更深的体会，以后不管多忙，他都坚持清晨跑步锻炼的习惯。

那天几个人说着说着，不知怎么谈到了个人问题上。王留生对程顺和努努嘴，那意思是说，你和陈凤琳怎么样？

程顺和赶忙岔开，"吃菜！吃菜！"王留生夹了一筷子韭菜炒鸡蛋送进嘴里，嚼了两下，又旁敲侧击说："俞敬忠这个人啊，不会谈恋爱，女同学来了，他也不招呼人家坐，也不给人家倒茶拿糖什么的，所以，他一直没有女朋友，眼看就要成大龄青年喽。"

俞敬忠拿自己的筷子敲敲王留生的饭碗，"你少说两句，吃饭也堵不住你的嘴。"3人都笑了。程顺和没说什么，王留生的话他却是听进去了，追求幸福要趁早。

那年8月，程顺和终于填写了入团志愿书。自中学离开少先队起，母亲就一直督促他争取加入共青团，但因高中时生了一场病拖了下来。上大学后忙于学习、下乡、搞各种政治运动，一直耽搁着。随着分配到良种场，心态和目标也发生了变化，他就想入党，但老场长对他说："得一步一步来，你先入团，等对党有了认识再说。"所以他就填写了入团申请。因这一年来表现出色，他的申请很快得到批准。9月，他正式加入了共青团。他开心地给母亲写信，把这个好消息告诉她，因为母亲一直关心着他的进步。

年终农闲时，作为储备干部，程顺和与陈凤琳被派到扬州参加培训学习，培训结束时，程顺和作为学员代表在会上发了言。陈凤琳坐在下面听着，脑子里却开了小差：天气越来越冷了，要不要给他织条围巾呢？

新的一年转眼来到。一天，周国芳来良种场找程顺和。周国芳被分到毗卢寺样板方不久，又转到曲霞农机站，离良种场不远。周国芳这次来，是为程顺和解决终身大事来了。他要给程顺和介绍女朋友，程顺和听了，半晌不作声。周国芳问他怎样想，什么时候同姑娘见个面。程顺和犹豫着，被周国芳催急了，才说："我有了。"周国芳问："有了？谁啊？"

"还能有谁,陈凤琳呗。"

周国芳望了望和顺和,说:"这个不行吧,陈凤琳身体太差了,你侍候得了林黛玉?"

程顺和不言语。周国芳晓得他的脾气,知道他不会拿这种事开玩笑,无可奈何地问:"我给你介绍的那个姑娘怎么办,就算了?"

程顺和想起了王留生的话,对周国芳说:"俞敬忠人挺好,没有女朋友,介绍给他吧。"

周国芳一想,也对。两人便商量起给俞敬忠说媒。俞敬忠离得远,怎么让他们见面呢?程顺和建议,就让两人约在南京见面。

不久,俞敬忠与那姑娘在南京见了面。缘分这东西真是奇妙,说来就来,两人一见面便看中了对方,水到渠成定了终身。大家都为俞敬忠高兴,称赞周国芳和程顺和做了一件好事。可是,程顺和与陈凤琳的恋情却是一波三折。

谁也没想到,陈凤琳忽然接到通知要她回农机推广站。革命战士是块砖,哪里需要哪里搬。两人天天在一起的时候,根本没意识到对方的重要性,一旦面对分离,心中都感到遗憾,好在黄桥不远,还能随时往来走动。

程顺和不知道,此时,陈凤琳还承受着家庭的压力。按当时的说法,26岁的陈凤琳已经算大龄姑娘了。追求她的人其实不少,可她都不接受。父母为此着急,封封来信都在催嫁,每回说要给她提亲,她总是一口回绝,故意拖延。最后实在被催不过,她透露了一些关于程顺和的消息,偏偏家人又不同意。嫁给一个良种场技术员,就意味着要一辈子远离父母,老人家已经送走一个大女儿远赴边疆,再不能失了这个小女儿。再说在父母眼里,他二人也不般配,一个是大都市姑娘,一个是小城青年;一个是工商业家庭,一个是城市贫民;一个是父母双全,一个是幼年失怙。程顺和虽然积极能干,长相尚可,可也并不高大英俊,陈凤琳却是人见人夸的漂亮姑娘。这种种不相称,叫他们做父母的怎能甘心,母亲一再对陈凤琳说,"女孩子嫁人是第二次投胎,千万慎重,就算不能回南京,也不能嫁在良种场。"为此,母女俩甚至不惜冷战。陈凤琳心中左右为难。有一阵,陈凤琳对程顺和的

第六章 种子和爱情

态度有些冷淡。程顺和为此也苦恼过，可他有个特点，一旦专注于育种工作便会忘了一切。所以相对来说，倒是陈凤琳内心所受的煎熬更多些。

过了一段时间，陈凤琳又被从农机站调回了良种场，这让程顺和喜出望外。为了庆贺陈凤琳返场，程顺和特地约陈凤琳去县城看电影。那天演的是戏曲电影《朝阳沟》，剧中男女主角的爱情波折令他们颇有感触。女主角银环也是一位城市姑娘，男主角栓保是农村青年，银环与栓保是高中同学。两人高中毕业后，银环要跟随栓保回家乡朝阳沟搞农村建设，母亲软硬兼施不同意银环去农村，银环为此苦恼。女大不由娘，银环偷偷下了乡，却因不善田间劳动、挑不动水而受人议论，情绪波动下打算回城，在回城的路上看见朝阳沟在大家的建设下旧貌换新颜，银环觉醒，决定留在朝阳沟。片中的戏曲唱腔诙谐活泼，不时逗得观众会心而笑，栓保教银环除草时唱的"你前腿弓，你后腿蹬"，栓保妈对银环妈唱的"亲家母，你坐下，咱俩说说知心话"后来都成了经典，尤其是那句："走遍天下，千家万户，大人孩子，谁不吃？谁不喝？天大的本事，天大的能耐，他也不能把脖子扎起来。"正唱到了程顺和与陈凤琳的心坎里，陈凤琳真恨不得立刻把母亲拉来看场电影。

电影散场，二人回良种场，途中忽遇大雨，路边有户人家，他俩赶紧飞奔到人家的屋檐下去躲雨。缩在这小小的地方，两人一阵沉默，千言万语不知从何说起，心咚咚地跳，满世界只有哗哗的雨声和雷声，气氛略显尴尬。程顺和见陈凤琳的头发被飞雨打湿了，抬起一只手到半空替她挡着。陈凤琳心里感动，又觉得他比电影中的男主角更加文雅稳重，忽然想起片中的一句台词，不禁打趣程顺和："你也是——'能干活，有文化，做一个农业科学家'"程顺和望向陈凤琳，正碰上那双星子似的眼睛也望着他，四目交接一刹那两人立即明白了对方的心思。真是一场好雨呀，这铺天盖地的雨把他们逼得如此亲近，在她身边，他觉得雨是甜的，风也是香的。

正是这一场喜雨，把两个年轻人的心拉得更近了。

4

又是一年芳菲尽，林花谢了春红，太匆匆。上年选中的新一代的麦种在拔节、抽穗，很快又到了麦收农忙时节，程顺和再度经历一场脱胎换骨般地艰苦劳动。在考种时他发现，107-1材料麦粒饱满，长相不俗，籽粒数、千粒重都优于其他材料。恰巧王留生又来场，程顺和把收集的材料再次拿给他看，王留生眼睛顿时睁大，说："程顺和，这回你可能得着宝了，这些材料真是不错！"临别他要带一些回种子站去做试验，说有可能会出好品种。

程顺和听了很兴奋，迫不及待地将这个好消息告诉陈凤琳，陈凤琳听了也很高兴，说："祝贺你，功夫不负有心人，但愿你梦想成真。"程顺和说："如果种子育成了，这里面也有你的功劳。我估算了一下，这种良种亩产能达到800斤！800斤呀？"陈凤琳很惊讶。"怎么，你不信？""我信！我信！""我现在育种的目标就是培育高产的种子，要是小麦亩产能达到1000斤以上，那国家解决粮食问题就有了保障。"

经过3年自然灾害，粮食是否高产成为程顺和那一代育种者追求的目标，因为首要条件是不能饿肚子。这个观点影响深远。

那些日子，程顺和沉浸在初步育成良种的喜悦中，而陈凤琳却满脸乌云，似乎有心事。程顺和疑惑地问："凤琳，你怎么啦？"陈凤琳吞吞吐吐地告诉他，她可能不久就要离开这里了。程顺和以为又要调她回农机站，不以为意，心想反正离得不远。谁想，陈凤琳告诉他，这一回她要去的地方是扬州农业学校（以下简称扬州农校）。去扬州？这消息如同当头泼下一盆冷水，惊得他浑身一激灵，原有的高兴劲儿全熄灭了。接着，陈凤琳告诉他一个更为惊人的消息，她的二姐就要来良种场了。如果说第一个消息令程顺和失落，这第二个消息，可真叫他紧张了。他早已从陈凤琳的闲谈中听说过关于二姐的一些事，这位搞经济的二姐眼光高、头脑好、能力强、社会地位高，一般人人不了她的法眼。"二姐来，我要不要见她？""当然要见，她这次来的主要目的就是要见见你。"这一说弄得程顺和更加紧张。

二姐说来就来。与程顺和想象的不一样，见面后二姐并没与他为

难、棒打鸳鸯,而是对他客客气气,对他和妹妹的恋爱既没肯定也没否定。二姐的态度令程顺和更加忐忑,大概二姐知道妹妹要调去扬州,二人即将面临两地分离,有缘无缘,让距离去考验。二姐来去匆匆,她走后没多久,陈凤琳就接到扬州农校的调令。

秋风乍起,黄花憔悴,离别在即。这一去不比往常,程顺和心中惆怅,难以言喻。那时的人,感情内敛,面皮又薄,一句情话硬是难以开口。直到陈凤琳离开泰兴,他二人的关系也没明确下来。

陈凤琳走的那天,程顺和失眠了,就像《诗经》里描写的那样,"悠哉悠哉,辗转反侧"。他一幕幕地回想这两年来两人相处的情景,往日那不经意的细节,此时回忆却别有一番滋味。唉,他怎么这样麻木,没有早一些把关系挑明,分明有许多机会,只要他再勇敢一些,直白一些,事情就定下来了。可是他没有,他太被动,太含蓄,此刻悔恨又有什么用?他断定他们之间是有感情的,可是感情在这种分离情况下能维持多久?时间短还好说,时间长了保不定就生分了。她那样的漂亮,还怕没有人追求吗?唉,悔不当初……

此后,没有了陈凤琳的良种场令程顺和睹物思人,心中悱恻。他向领导提出想回南京农学院继续深造,考马育华教授的研究生。场长倒是没反对,可报到泰兴农业局后,一位姓许的局长不同意,基层人才难得,才走了一个陈凤琳,怎么能再丢一个程顺和?读研的路就这么被否决了。回头想,假设那时程顺和考了研究生,他很可能会留在大学里搞学术研究,而不是在基层搞良种选育了。有人说,这个决定改变了程顺和的人生轨迹,确切地说,这个决定恰恰把他定位在本来的人生轨迹上,因为一切假设都不是真实的。

就在程顺和以为自己将要失去心上人之际,陈凤琳的信寄到了良种场。信中说她到扬州后一切都好,工作也已分配,担任化学老师。信中她还将单位的电话号码告诉了他。捧着陈凤琳的来信,程顺和喜上眉梢。他寻了个空,打电话去扬州农校,偏偏接电话的不是陈凤琳,而是一个男老师:"你找谁?"他说找陈凤琳。人家问他:"你是谁?"这一问程顺和为难了。他想了想,告诉对方:"我姓王。"

从此他二人开始鸿雁传书,电话传音。农闲时程顺和更是往扬州跑得勤。他去扬州农校找陈凤琳，人家才发现原来他就是"王先生"，以后一见他来找陈凤琳，同事便打趣："陈凤琳，你家'王先生'来啦！"

关系一旦挑明，两个人的心都定了。可树欲静而风不止，听说陈凤琳还没结婚，追求她的人依然给她递情书。陈凤琳不堪其扰，就动员程顺和："你应该到扬州农校来，这里也有试验田，一样可以搞科研，而且这里的条件比良种场好，到这里来可以为农业作更多贡献。"程顺和何尝不想调到心爱的人身边呢，但他有顾虑，担心调到农校教书会影响他搞育种。陈凤琳又拿出一封信来给他看，程顺和看了信着实意外，这信竟是一位市长写来的，这位官员要为他的同学寻觅对象，写信来给陈凤琳作介绍。这可非同小可，两人商量要如何回复。商量了许久，决定快刀斩乱麻，实话实说，就像当初程顺和对周国芳说的那样，陈凤琳也回复市长：我已经有对象了。

1965年的夏收转眼到来，程顺和在忙碌中收到一个好消息，去年被王留生带去扬州种子站做试验的107-1材料，经过试验鉴定，产量比其他品种高了不少，亩产果然达到了800斤。为便于在更大范围推广，王留生跟程顺和商量后给它取了一个好记易识的名称——泰农一号，王留生还将其收录在了当年农业调查的小册子里。

泰农一号是程顺和走出大学校门后在泰兴良种场育出的第一个小麦品种，也是他育种生涯中的第一个品种，正是这第一次的成功，坚定了他一辈子从事小麦育种事业的决心。程顺和成了当地农业系统的小名人，领导、同事、同学纷纷向他表示祝贺，但他的心却飞向了扬州，飞到一个人的身边。

人生的苦痛，需要向人倾诉；而人生的幸福，更需要与人分享。

第七章 农校六年

1

若把人生比作一朵花，那么爱情就是花中之蜜。

1966年，泰兴良种场里郎才女貌的天作之合，终于在淮左名都、竹西佳处的瘦西湖畔修成了正果。27岁的程顺和迎来了他人生中又一大喜事，结束单身，从此将人生与命运同这世间的另一个人——陈凤琳绑定。从某种意义上来说，这也是一种合体。

此时，因为陈凤琳的关系，程顺和为追随爱情，已经从泰兴良种场正式调入扬州农校。程顺和之所以同意调入扬州农校，是奔着小麦遗传育种专业教学去的，因为农校的科研条件毕竟比泰兴良种场要好。

扬州农校创办于1956年，是一所隶属于扬州市人民政府的农业类省（部）级重点中专学校。陈凤琳在扬州农校教化学，并担任二（六）班的班主任，是扬州农校的骨干教师。程顺和因为刚调来，又正值暑假，因而未能正式明确教学任务。这样，两人一商量，决定在八一建军节那天先把婚事办了。

那时结婚极其简单，既不像旧时代花轿迎亲，拜堂合卺；也不像现代这样轿车列队，豪宴铺张。他们结婚时，没有彩礼，没有仪式，甚至连双方的父母和兄弟姐妹都没到场，更没有什么酒席、回门之说。扬州农校就在瘦西湖边上，于是两人计划，白天与几位要好的朋友去瘦西湖游园，晚上办一个简朴热闹的茶话会，这就是新时代革命青年的革命婚礼了。

瘦西湖现如今是扬州的核心景区，早年它只是扬州城外的一条河道，是由人工开凿的唐罗城、宋大城的护城河遗迹，南起北城河，北抵蜀冈脚下，通向古运河，乃是连通内河与运河的一道河沟，为城中供水和防汛的保障而设，故名保障河。明清之际，盐业鼎盛，商贾云集，有"腰缠十万贯，骑鹤上扬州"之说。于是疏浚河道，纷纷沿河筑园造楼，植树种荷，营建成园林模样，康乾南巡也曾到此流连。在乾隆极盛时期，沿湖有二十四景，被誉为"两堤花柳全依水，一路楼台直到山"。中华人民共和国成立前后，随着时代兴废，商贾星散，平山堂至蜀冈一带又荒为郊野，水道之外遍是农田，扬州农校也就设立于此。与扬州农校一路之隔的是扬州专区农科所。瘦西湖成为普通市民公园，虽景色秀丽，但游客稀疏，随便进出，没有现在的收费之说。

8月的瘦西湖，一样是丽日晴空，水净花红。

凤凰于飞，和鸣锵锵。绿杨烟里，碧波桥上，三五好友簇拥着一对新人，说说笑笑，迤逦而行，虽不闻二十四桥玉人吹箫，却也有杨柳梢头喜鹊争鸣。一路走来，荷风阵阵，但见那大虹桥古朴平卧，小金山凉亭秀丽，钓鱼台三面临水，从匠心独运的圆洞门中望去，可尽览五亭桥、小凫庄与白塔风姿，那五亭桥亭角参差如群鸟飞翔，桥体高矗，桥洞玲珑，桥上的大红抱柱与明黄琉璃瓦顶被桥下碧波、四外绿树映衬着，格外地明艳怡人。浩渺的湖面上白鹭翩跹，荷花深处有水鸟对对相偎而游。此情此景，恰应了有情人终成眷属之美意。一个同事指着那水上鸳鸯打趣："哎，程顺和、陈凤琳，快看！那像不像你们两个呀。"大家的视线都望向水中鸳鸯，又转而集中到一对新人身上，哈哈大笑。程顺和也嘿嘿地笑着望了眼身边的新娘，陈凤琳推一把程顺和，嗔怪道："看你那傻样！"脸上腾起的红晕却暴露了内心的娇羞。

游罢瘦西湖，时至中午，小两口做东，在城里小饭馆请几位要好朋友吃顿饭以示感谢。虽无山珍海味，但几盘地道的淮扬菜更显真情，同事们齐声祝福小两口甜甜蜜蜜、早生贵子。要说他们俩，男27，女28，真正属于晚婚了。

临近傍晚，小两口精心预备茶果，在农校宿舍内办起了茶话会。他们泡好了酸梅汤，备好了瓜子和糖果，与农校一路之隔的农科所的朋友又送来了一筐桃和一筐李子，这些时鲜果品与饮料在桌上摆放整齐，看着倒也丰富美观，气氛也十分地欢悦。他们还事先准备了一块红绸布，请前来道贺的宾客们在上面签名留念。这块写满人名的红绸布作为珍贵的纪念一直保存了下来，至今还藏在家中。来参加茶话会的，大都是朋友、同事，也有单位领导，还有一位扬州苏北医院的院长，是陈凤琳的亲戚，他成了婚礼中唯一与新人沾亲带故的人。这一

天正逢农历六月十五，是夜，一轮圆月悬于幽蓝夜空，清亮的月光如水银泻地，天上月圆，人间合美，宾主尽欢。

两人的新房就安在陈凤琳所在农校的教员宿舍内，瓦顶平房，条件简陋。新房内的陈设亦很简朴，单人床加了两块板，拼成一张双人床，樟木箱和桌椅都是原先就有的，一对水瓶、脸盆、毛巾和茶具等都是同事们送的，这就算办了终身大事。说来也是故事，农校领导原本好意，骨干教师结婚，给他们分配了一套红木家具，可是程顺和与陈凤琳说什么都不肯要，他们说房子小，用不着这么多的家具，一定要叫人家搬走。同事无奈，只好哼哧哼哧又把家具搬走了。多年以后，两口子回想起当日情景，不禁自嘲：当时怎么那么傻呢，多好的红木家具都不要，还叫人家搬走，现在要值几十万了。其实，那时的人们非常单纯，譬如，程顺和自结婚起直到当上院士，几十年来一直是住在陈凤琳单位分配的房子里。

程顺和与陈凤琳在农校安下家来，虽然各方面条件都很简陋，但住在校内倒也方便，吃饭、打水都在食堂解决，这样两人就可以把时间充分地用到教学和学习上。晚饭后，程顺和把自己在大学期间的教材和笔记拿出来翻看，并和妻子谈起自己往后的教学设想，他对妻子说，小麦育种是一门实践性很强的课程，理论联系实际才能出成果，他希望自己有一天在育种上实现突破。陈凤琳就笑："你呀，就是忘不了你的小麦育种，你不该来农校教书，应该到隔壁农科所的！"

"农科所？对呀，要去农科所就更好！他们有个扬麦系列搞得不错。""麦子麦子，你怎么不和麦子结婚呢？""你就是我心目中理想的麦子啊！""去你的！"明亮的月光下，小两口甜蜜地说笑着。

对扬麦，程顺和并不陌生，他在泰兴良种场培育的"泰农1号"就和扬麦十分接近，那时的他并没有想到他的后半生将和扬麦结合在一起，并将之发扬光大。

2

程顺和从泰兴良种场调到扬州农业学校时，"文化大革命"已经开始,红卫兵到处破四旧、立四新,正常的教学秩序被迫停止。程顺和有多年写日记的习惯,两口子一商量,那日记留不得。

从高中就开始写的日记,一本又一本,装装也有一大包,怎么处理呢?别无他法,只能烧掉了事。那一页一页,是自他少年时代一路走来的心路历程,记录了多少喜怒哀乐啊,如今全化作火中飞蝶,漫舞成灰。

3

就在他们如汪洋中的小船一样动荡不止时,陈凤琳发现自己怀孕了,这是无比暗沉底色上的一抹亮色,给他们的生活带来一丝喜悦和希望。陈凤琳本来身体不好,再加上妊娠反应,身心交瘁。食堂的大锅饭大锅菜难以下咽,程顺和心疼她,买回一个小煤炉,开始在家里开伙,吃水则到离家三五十米处的瘦西湖支河去挑。原本不大的房子里,现在又塞入炊具、餐具、水缸、水桶,更显局促,但家庭生活的气氛也更加浓郁。

扬州市区西北二三里处,有个司徒庙镇,即今万科彩虹汇所在地,现在那里还保留着司徒庙的路名。这庙原是为着纪念南朝梁将王琳而设,镇因庙而得名,有一千多人口,此时是邗江县西湖公社所在地,农校距其不远,从农校走过去有个斜坡,农校和农科所的人买鸡买螃蟹什么的,都爱到那个斜坡的两侧去买,价格很便宜,螃蟹也就几角钱一斤,小公鸡差不多也这个价格。为了给怀孕的陈凤琳增加营养,程顺和常常去那里采购。

1967年春末,大儿子程晓明呱呱坠地,28岁的程顺和做了父亲。老话说的一点不错,养儿方知父母恩,自家中添了孩子,夫妻俩连一个囫囵觉也睡不好。学校不太平,两人便商议,把孩子送到溧阳程顺和母亲那里去。母亲当时还在溧阳扬庄小学任教,孩子送到乡下后,母亲就在当地寻一户有奶水的人家,把孩子寄养起来。

到了1968年,农校局面趋向稳定,程顺和没有能走上三尺讲台,而是被发配去了"五七"干校。

其实,"五七"干校也在农校里,农校地方很大,程顺和在干校天天政治学习,下田劳动、挑粪、种地、种棉花、拾棉花。杂事不少,系统的育种研究被迫中断。他常常怀念起在良种场的日子,那简直就像一个"桃花源",从上到下,领导放手,助手得力,工作目标明确,过程井井有条,那里有友情、爱情的回忆,有朝气蓬勃、奋发向上的青春,有明晰具体的追求。现在呢,正常工作无法开展,良种繁育求而不得,茫然混乱没有头绪,整天东一榔头西一棒槌,蹉跎岁月。他真希望这乱糟糟的现实是一场梦,闭上眼睛睡一觉,再醒来梦就结束了,可以重新回到小麦育种中去,但这一场大梦却总也不醒。

农校原有一块试验田,大约60亩,军管时期划给了部队管理,但耕种收割还由干校人员来做,地里种甘薯、山芋、小麦等作物。程顺和对其他作物不感兴趣,对试验田的小麦却情有独钟,主动要求管理麦田生产,得到军管会允许后兴奋异常,终于又有了属于自己的一片小天地。播种时,他本想把自己在泰兴培育的"泰农1号"种子全部播在试验田里,但隔壁的农科所也有人在干校劳动,农科所有"扬麦1号"种子,性状和"泰农1号"有一比,他便通过在"五七"干校劳动的农科所学员弄了一些来,他把"泰农1号"和"扬麦1号"分别种在试验田里,进行精心田间管理,及时浇水施肥,小麦长势良好。他把整个心思放在了那一小块麦田里,在参加其他劳动的间隙,他经常抽出时间去麦田观察,看"泰农1号"和"扬麦1号"生长有何不同,发现好的单株他就进行记录,他甚至梦想到收割时能发现新的良种。"五七"干校领导看他参加劳动积极,不怕苦累,表扬他态度端正。只有他自己知道,他是想通过这种方式能接触到小麦育种,延续自己的专业。但干校不是实验场所,不允许个人单独搞什么研究,大呼隆收割,程顺和梦碎干校试验田,无可奈何。

夏收时节依旧忙碌,程顺和负责夏收组织工作,田里收割完,再跟部队借卡车,把收获的粮食运到农校去脱粒。脱粒是最辛苦的工作,麦芒乱飞,灰尘漫天,身上汗水干了又湿,湿了又干,口罩不管用,嘴巴鼻子塞满灰尘,喉咙发干,这样一干就是好几天。好在干校内有条灌溉渠,每天干完活后男同志把衣服一脱就往渠里跳,痛痛快快洗个澡,如果渠道水浅时就下河,那条河也是通往瘦西湖的。程顺和从小就爱游泳,水性好,能游出很远去。

身处困境的人,是需要一些革命乐观主义精神的。在"五七"干校时,程顺和依旧坚持晨跑,还和大伙一起做广播体操,那时为了增加国民体质,无论厂矿企业还是机关学校,每天都要按时集中做广播体操,也是一道特有的风景。当时做的是第三套广播体操,天天做,后来经过程顺和结合自身特点不断改良,坚持不断,一直做了40多年。到他70多岁以后,穿裤子时也不需要坐在床上或椅子上,往往是单脚着地就可以轻松完成。这得益于经他改良的一个广播操动作,他把其中的踢腿运动改成了单脚着地保持平衡,类似于太极拳中的金鸡独立,以此锻炼全身的动态平衡,由身体的平衡,再进一步影响内心,从而达到身心平衡。

1969年初春,程顺和与陈凤琳有了二儿子程晓忠。那时政府已在提倡节制生育,但并未颁布政策,没有强制措施,完全靠人自觉自愿。当时一个家庭有五六个孩子是很常见的,只生一两个倒很少见。程顺和与陈凤琳觉得有两个孩子就够了。这个二儿子出生后也被送到溧阳,由母亲魏育真抚养照顾,直到上幼儿园时才回到扬州来。

寒来暑往,转眼6年过去。1972年,程顺和迎来了生命中的又一次契机。他所在的扬州农业学校已多年不招生,不只扬州农业学校,全国的大学都不招生,没有学生的学校形同虚设,因而农校允许教师们另谋出路。陈凤琳去了一所中学做化学老师,程顺和依然有着小麦育种的情节,念念不忘。他忘不了土地的味道,忘不了麦苗拔节的声音,忘不了麦熟时麦粒的清香,他对陈凤琳说,一闭上眼,脑海里全是麦田的景象,他甚至突发奇想,抓一把麦粒封进枕头,枕着麦粒他夜晚睡得特香。那时节,他满脑子是考入大学时选择遗传育种专业时的情景,老校长金善宝的影子不时闪现,他思考再三,决定遵从内心的选择,去扬州地区农科所,重启小麦育种。热爱是最好的动力,他要做自己喜欢的事情。陈凤琳肯定了他的想法,对他说:"我支持你,不要放弃梦想,有一点希望就要坚持!"他笑笑:"不是有希望才坚持,而是坚持才有希望!"就这样他毅然决然选择去了农科所。

从1966年调入农校，到1972年离开，6年间程顺和虽被迫中断了他钟爱的小麦育种，却完成了结婚生子这人生中的大事。瘦西湖畔那间简陋的教师宿舍里有他温馨的记忆，见证了他和陈凤琳的真挚爱情。美满的爱情为他积聚了继续前行的能量，现在虽然两人都离开了农校，然而他们的生活还将在这间简陋的宿舍楼中继续，程顺和同扬麦的结缘也由此拉开序幕。

第八章 初到农科所

1

1972年，在扬州农校蹉跎了6年的程顺和正式调入相邻的农科所，迎来了人生中的又一次转折。由此启航，开始了他人生中最重要的跨越。选择很重要，一次选择可以决定人一生的走向；平台也很重要，不同的平台可以决定人生所能达到的高度。

里下河农科所现在的全称叫江苏里下河地区农业科学研究所，其前身是苏北农业试验场。始建于1949年4月，最初名为"扬州行政区示范农场"，程顺和调入的1972年称"扬州专区农科所"。1983年定名为江苏里下河地区农科所，隶属江苏省农业科学院和扬州市委、市政府的双重领导。这里有必要对里下河作一介绍，所谓里下河地区，是指江苏省中部，位于长江之北的里运河与下河之间的平原地区，包括现今扬州的宝应，淮安的楚州区，泰州的兴化，盐城的盐都、建湖等地，总面积约1.35万平方千米。这一地区水系发达而地势低洼，是名副其实的水乡，也是传统农业和养殖业发达地区。

里下河农科所是程顺和"南方麦王"的加冕之地，但这顶"南方麦王"的桂冠却来之不易，用程顺和自己的话说"是用时间熬制出来的。认准一件事，绝不轻言放弃。"现任所长水稻专家李爱宏用语经典：程院士的桂冠"是用智慧和辛劳的汗水浇灌出来的"。从1972年4月到2005年12月进入院士行列，程顺和走过了33年的历程，加上先前在泰兴良种场的时间，可以说程顺和一生都在从事小麦育种工作。孤灯陋舍，夜冷霜寒，忍受孤独的煎熬，忍受失败的痛苦，无数个夜晚，上万次的试验，无尽的思考，面对土地，怀揣对一种新生命的期待，看它发芽、分蘖、抽穗、扬花、成熟，日复一日、年复一年，在别人眼中枯燥无味的生活，在他心中却是一种无以言表的幸福。十年磨一剑，有志者事竟成，寒窗十年无人问，一举成名天下知。但成功后的鲜花和荣耀似乎仍旧与他无关，他还是沉湎于实验室、试验田、老百姓的田间地头，他的心中似乎只有小麦、小麦……

他是为着那片金黄的麦田而生的！那是他的情之所在，梦之向往。

回到1972年那个蓬勃的季节。

那年前后，中国发生了许多重大事件。1971年10月，中华人民共和国恢复联合国合法席位；当年2月，美国总统尼克松访华，在上海发表《中美联合公报》，标志着中美两国关系正常化的开始。同年9月，日本首相田中角荣访华，在北京签署《中日联合声明》，中日两国正式建交。1973年，邓小平复出，由毛泽东提议担任国务院副总理。

国内外形势这些微妙变化耐人寻味，人在大环境背景下身不由己，或许正是这一系列变化无形中影响了程顺和的人生轨迹，改变了其命运走向。此时的程顺和并没有意识到这一转变对他未来的人生有多么重要，这将是一场宏大交响乐的序曲，虽然仍有暴风雨、倒春寒，但希望之门已经打开缝隙，阳光已经悄悄地照射进来。

正是人间四月天，花木芳菲，春光明媚。程顺和离开农校，去农科所报到。农科所位于瘦西湖畔的蜀冈，与大明寺仅一箭之遥，在21世纪里，这里是国家级风景区，黄金宝地，然而在20世纪70年代，却仍是扬州的偏远郊区，就因为是郊区，才将农校和农科所安置于此。扬州农校和农科所毗邻，所以程顺和对农科所并不陌生。"文化大革命"期间，相邻的农科所也军事化了，搞起了连排建制，更名为"新四连"，全体科研人员集中到"五七"干校，科研一队改称"科学试验排"。因为都在干校农场，程顺和与农科所的人也就有了交集，不然，也不会顺利调入农科所。

正所谓人逢喜事精神爽，程顺和脱掉厚重的冬装，身穿单衣，脚步轻快地向农科所走去。一路走来，桃花红，李花白，菜花黄，柳枝曼垂，丝绦拂水，莺莺燕燕，啼鸣婉转，风柔，花香，蜂鸣蝶戏蛙鼓唱，郊野上的蒲公英、二月兰开成了片。走到平山堂路时，一眼望见路边平整的田地里绿油油的麦子，在高大的防风林围护下摇曳生姿，那正是农科所的试验田，60~70亩的样子。他不由得紧走两步，从大路下到田埂上驻足观察。

试验田里一行行、一块块都种着不同品种的材料，有些早熟品种

正在孕穗。小麦产量的多少取决于穗数、粒数的多少,此刻麦穗将发未发,犹如怀孕的女人,皮包货看不破,但从外观的饱满程度却也能估摸一二。这田里的麦子长势可真好,看着就叫人心生喜悦。程顺和对麦田有着天生的情感,想到自己即将回到本行,能接触到钟爱的小麦育种了,不由感慨万千。他禁不住抚摸着麦穗,情感的潮水涌动胸间,麦子,我终于又将你拥抱入怀!

　　就在他触景生情之际,猛抬头,发现不远处麦田中还有一个人,头戴草帽,手执竹杖,肩上背一个帆布小包,正俯着身子聚精会神地观察着麦子。他想,这一定是农科所的人了,便细细打量,那人却对他的打量毫无察觉,只顾拿着手中的竹杖对着麦子比比画画,过了一会儿程顺和才看明白,原来那人是拿竹杖当尺子,在测量麦秆、麦叶的长度和间距。待那人直起身子走动起来,程顺和才看出那是一位白发老者,身形瘦削,动作和缓,像是生怕碰疼了麦子似的。只见他拿竹杖在麦秆上比画一阵后,就顺手从肩上的小包中摸出个本子,在上面记下些什么,然后又是静静地对着麦穗观察。

　　程顺和看到老人身上的三件宝:草帽、竹杖、小包后猛然想起一个人来,陈道元?因为在来农科所之前,他提出要求,自己从前是搞小麦育种的,希望自己能分到三麦组工作。领导答应了。而培育出扬麦1号的陈道元就在三麦组。

　　何谓三麦?即小麦、大麦、元麦,其实元麦也是大麦的一种,又叫裸麦,即青稞。今天,我们说到麦子,主要是指小麦,大麦已很少作为粮食,而是作为饲料和酿造啤酒的原料来生产。元麦,则主要满足青藏高寒地区人们的需求。但在中华人民共和国成立初期,粮食短缺,让全国人民吃饱肚子是压倒一切的迫切需求,也是农作物育种工作的首要目标,那时候,提高粮食产量是第一要务。当时全国小麦产量普遍较低,北方陕西地区的小麦产量亩产只有200~400斤。在江苏、安徽等地产量稍高,也才500多斤。

　　程顺和在试验田遇到的这位老者正是农科所专门负责三麦育种研究的陈道元先生。

　　对陈道元这个同道,程顺和在"五七"干校时就有耳闻。知道他一直在坚持小麦育种，而且培育出了扬麦1号，大大提高了南方小麦的产量，这品种程顺和曾在"五七"干校的试验田种过。程顺和对陈道元很是敬佩，一个人能不被政治运动所左右，在"文化大革命"中坚持育种，并且有所成就，这不是常人能够做到的，他身上一定具有常人不具备的定力和品质。

陈道元是农科所的元老级人物，比程顺和年长26岁，时年已近花甲。见到这样一位即将退休的老人还佝腰偻背在试验田辛勤劳作，程顺和不由肃然起敬。他顺着田埂渐渐走近老人，问候道："您好！"老人似乎并没有听见，依然埋头于自己的世界中。程顺和声音再大一些："您好，您是农科所的陈技师吗？"这才见老人站起身来，回头望望程顺和，用疑惑的目光上下打量着。程顺和再次对老人点点头："请问，您是农科所的陈技师吗？"老人这次听明白了，点点头，"啊，你是？"

"我叫程顺和，原先是农校的，现在调来农科所三麦组工作。"程顺和连忙介绍自己。

听完程顺和的自我介绍，陈道元再次打量一下眼前这个年轻人，冲他点点头："噢噢，好，好。"说完又去盯他的麦子。

按照常理，听说自己单位来了人，今后就要在一起工作，起码应该寒暄几句，了解一下情况。可陈道元却视若无人，专心于自己的世界，心无旁骛。这让程顺和有些好奇，不拘小节，有点意思的人啊！

初次相遇，陈道元便在程顺和心中留下了深刻印象。搞科研，需要耐得住寂寞，板凳要坐十年冷，埋头苦干，默默无闻才能出成果。谁也没有想到，在以后的日子里，程顺和同陈道元两个人志同道合、性格互补，由同事成为忘年之交，将扬麦事业不断发展，并最终在程顺和的手中完成大业。

2

农科所当时的条件十分简陋，总共只有几排砖瓦平房，不像现在有院落，有大楼。

程顺和在办公室见到了三麦组的其他同志：毛坤一、陈志堂等，从年龄上来讲，程顺和相对年轻，比组长毛坤一还小3岁，因程顺和是农校老师，所以一见面毛坤一就握住他的手说："程老师，欢迎欢迎啊！欢迎你来三麦组工作。"然后向他介绍三麦组的其他同志。

相对于陈道元的沉默寡言，毛坤一绝对是快言快语，一说话就像机关枪，一打一梭子，所以毛坤一有个绰号，叫"毛快"，意指其性子急，做事快，干练爽直，要不然所领导也不会把她放到组长的位置上。毛坤一对程顺和说："三麦组人手不多，你来专业对口，给三麦组增添了新生力量，所领导对你寄予厚望，我们一起努力，把工作做好。"程顺和也表示了决心，说自己这次工作调动是归队，下半辈子就交给农科所了！

程顺和年轻干练，富有朝气，果然不负所望，很快融入三麦组的集体。最初，组里并没有安排程顺和做小麦育种，而是主要负责小麦良种的栽培和区域试验，下乡搞农业技术推广。为什么要下乡搞推广？这和毛主席的一项指示有关。1972年12月10日，中共中央在转发国务院11月24日《关于粮食问题的报告》时，传达了毛主席"深挖洞、广积粮、不称霸"的指示，这项指示的初衷是"备战、备荒"。要备战，就要准备粮食和布匹，要挖防空洞，要修工事；要"备荒"就要"广积粮"，农民就要多产粮食。因而农科所那时的主要任务是下乡搞推广农业技术和良种，搞科学种田。

里下河农科所把科技干部们编成了几个组，各组由一名技术干部带上几个知青，一组八九个人，下派到各地农村蹲点，搞丰产样板方，推广新品种、新技术。三麦组主要去三个地方：高邮、兴化和宝应。

程顺和带领的小组去的是宝应地区子婴公社。这子婴之名来自秦始皇的孙子，公子扶苏之子，此地有一条子婴河，据说曾经子婴疏浚，是古邗沟的重要河段，后来成为宝应与高邮之间的界河。

回顾当年那段下乡经历，程顺和顿时精神振奋。他说，那个时候"大干快上"，人的热情高啊！要干什么活，下乡干部带头上，那是真干，苦干加实干！早上5点下地割麦，灰头土脸，收割的麦子连夜用"小老虎"机器脱粒，所有人争先恐后，为了赶时间完成任务，脱粒的时候两只手抓着麦把往机器里送，连手套都不戴，戴了手套影响操作，速度会慢下来，一夜干下来，手心都磨得出血；口罩戴不住，鼻孔里都是灰，满鼻孔黢黑，嗓子眼发干。

下乡蹲点的人，一个月只能回一趟家，因为每个组员轮流探亲，回家时间不能长，只能在家待三四天。程顺和去下乡，苦了爱人陈凤琳，更苦了母亲魏育真。

自结婚后，陈凤琳便家庭事业一肩挑。两个孩子出生后都先后送到了溧阳奶奶那里，等小儿子要上幼儿园时，才接回扬州来。农校停止招生后，陈凤琳调动到扬州市第三中学任教，后来又从第三中学调入扬州师范（后更名为教育学院），一个人又要上班又要带孩子，实在忙不过来。这样，母亲魏育真办了提前退休手续，来扬州帮忙带孩子。作为劳模的母亲是多么热爱自己的工作啊！可是为了带孙子，为了儿子的事业，她在事业上和经济上都作出了牺牲，而当时的程顺和与陈凤琳都还年轻，觉得母亲来带孙子很平常，没有体会到母亲的苦心。而今回想起当年的情境，程顺和总是难抑心中歉疚，觉得对不起母亲。

都说男孩儿五岁六岁狗都嫌，程顺和家的两个儿子长得虎头虎脑，聪明调皮，动不动拿着纸叠的驳壳枪打仗，屋里奔到屋外，撞倒了东西也不管，祖母叫不应，追不上，干着急。陈凤琳白天上班，晚上备课批作业，想要好好管孩子，却是力不从心。程顺和呢，孩子们倒是有些怕他，可没下乡前，他早出晚归，与孩子接触的时间少之又少。在程顺和心目中，对孩子的了解远不如对麦子的了解，他知道麦子什么时候该防病防虫、防湿防霉，但对孩子的防疫，什么时候该种牛痘、什么时候该吃糖丸，却搞不清楚。从不红脸的夫妻俩开始为孩子的教育问题不时拌嘴，程顺和懒得理这些家庭琐事，下乡正好躲开可以耳根清净。

程顺和从小苦惯了，习惯乡下生活，对麦田更有种天然的亲近，每天看着麦苗的变化，便有无限乐趣。轮到探亲时便发扬风格，让给家中有困难的同事，更难得的是在乡下他和土地有了更密切地接触，对农民有了更深入地了解，特别是看到乡亲们对科学种田的需求，他更感到下乡推广良种和科学技术的重要性，满腔热情地投入其中。

3

程顺和到子婴公社蹲点,随身带来了扬麦系列良种,不仅有扬麦1号、扬麦2号,还有扬麦3号和新的选系9-10-8-3(即后来的扬麦4号),他希望能亲眼看到这些良种播到农民的大田里,结出丰硕的果实。

说来也巧,在子婴公社他碰到了在高邮当农业局长的大学校友孙龙泉。

孙龙泉一见程顺和便说:"程顺和啊,在南农的时候我们都晓得你,你天天机器人一样在操场跑步,现在还跑不跑啦?"程顺和说:"跑啊,天天跑。"孙龙泉一竖大拇指:"不简单,有毅力。"又问:"这回蹲点带什么宝贝来啦?有好东西可别忘了老同学啊。"程顺和告诉他,自己不仅带来了农科所的扬麦系列良种,还带来了小麦栽培新技术,要向农民推广科学种田。孙龙泉十分高兴:"就盼着你们来,好好带着我们搞丰产。"

对农科所送良种和科学技术下乡,农民是十分欢迎的,对科研人员接待热情,好学好问。但是也有一些农民一听说科学二字便畏难,感觉太深奥,自己没文化搞不懂,不肯学;有的人因为语言表达问题或接受能力差,沟通起来比较困难;也有的人恰恰相反,习惯老经验,会自作聪明、自以为是……因此科技人员下乡要懂得农民心思,学会和各色人等打交道,更要善于把复杂的农业技术用通俗易懂的语言让农民听明白、学得会。

和农民打交道,程顺和似乎有天赋,他喜欢和老乡们交流,同他们闲聊八卦,乐在其中。他常想起大学时代下农村的经历,想起在泰兴良种场的经历,他深知良种培育、良种推广是和农村、农民紧紧连在一起的,要发展农业、实现增产离不开农民,作为农业科研人员,首先要了解农民,熟悉农民和农村,才能真正帮助农民。因此,他愿意深入农民中间,了解他们的所思所想,找到问题,对症下药。那年秋播时天气干旱,他发现当地农民把小麦种子播下去后没有浇水,立即找到公社领导,要求组织社员下田浇水。公社领导说:"我们这里秋播没有浇水的习惯。"他说:"不行!播种后如果不下雨,就一定要给地里浇一遍水,否则土地干干的苗会出不好,影响明年收成。"公社领导半信半疑,他又说:"你听我的没错,明年多打了粮食,你脸上也有光。"公社书记听取了他的意见,立即通知各大队组织社员给麦田浇水。不几天,绿茵茵的麦苗从麦田长了出来,煞是喜人。公社领导很高兴,直夸程顺和:"到底是科班出身,今后要多听你的意见。"从这件事,程顺和看到了农业科普的重要性,他又利用夜校,教农民如何过春三关和施小麦拔节肥等技术,使当地农民掌握了小麦的科学栽培管理方法。第二年当地小麦获得了大丰收,农民眼见为实,都说科学种田真管用。

当地农民把程顺和当成财神爷侍候,都说程技术员没架子,本事大,能给庄稼看病。因而,遇到小麦栽培上的难题都来找他,请他出主意、想办法。一来二去,程顺和与农民建立了感情。他的房东是一个生产队队长,程顺和向他推荐了扬麦2号,他在生产队地里种了。那时农村允许农民每家养几头猪,程顺和就指导他用农家肥施肥,加上合理密植,适时浇水、打药,小麦长势良好,到收割时获得大丰收,比别的生产队每亩地增收不少,得了红旗。这个生产队长很高兴,特意请程顺和喝酒,他对程顺和说:"程技术员,你真是我们的财神爷呀!"

这次下乡,陈道元也来了。下乡推广是陈道元的短板,因为他不爱说话。进所后,程顺和见识过陈道元的沉默,他可以和你面对面坐半天一句话不讲,自顾自忙活着自个的材料、书本。早晨见面时你对他问早,他点点头回说个"嗯",然后就再没有其他的话了。下班时见他收拾东西要走,你问他:"陈技师,下班啦?"他依然点下头,回声"嗯",半天就这两个"嗯"字。农科所植保室的一位老同志黄山,曾经同陈道元睡一个宿舍,与人说起陈道元,嘿嘿一笑便说:"这个道元兄啊,最大的特点就是不爱讲话。有一次,我和他两人同时评职称,我想,评职称是要开会的,到了会上你不讲话,那我也不讲,结果呢,到最后还是熬不过他,还是我先开腔讲了,这个人,没办法。"黄山摇摇头,笑得一脸无可奈何。

20世纪50年代初,陈道元曾被派往江都小纪做推广工作,那次经历给他留下痛苦的印象,他感觉自己的个性与这项工作特别不适合,由于不善言谈,科普搞不下去,压力很大,胃病也变得严重起来。和下乡推广相比，他更愿意待在实验室、试验田里搞试验。

时间一长，程顺和摸透了陈道元的心思，下乡期间处处照顾他，主动把自己回城的时间让给他，这使陈道元很感激。夏天晚间房间闷热，上半夜人大多都在室外乘凉，程顺和便有意同陈道元聊些育种上的事，程顺和发现一聊育种，陈道元的话明显增多。

20世纪70年代的农作物育种目标仍以高产与多抗为主，因为国内不断增长的人口与危机四伏的国际局势，都要求粮食生产提供基本保障。

那时，扬麦1号业已成为长江中下游大面积种植的首选，扬麦2号紧追而上。程顺和加入三麦组团队时，扬麦3号和扬麦4号的试验正在紧锣密鼓地进行中。当时江苏地区小麦亩产平均只有300~400千克，扬麦1号能达到500千克，这是试验田里的产量。程顺和对陈道元说："如果在农民的大田里也能达到这样的产量，那该增产多少粮食啊！"陈道元看看程顺和，半天说了句："粮食增产，土、肥、水、种、密、保、管、工八字宪法，种子，种子至关重要！"一句话惊醒梦中人，那时正在全民学哲学，学毛泽东的《矛盾论》和《实践论》，关于内因和外因、鸡蛋和石头的关系，程顺和对陈道元说："陈技师，你说得对，种子，种子就好比是那个鸡蛋，好种子是内因，其他的土、肥、水等是外因，有了好种子，其他外因才能起作用！"

陈道元重重地点点头："如果没有良种，再好的栽培技术、再重视田间管理也不起作用。"

是啊，没有良种，栽培推广就成了无源之水，无本之木。良种是根本。

此时，程顺和心中隐隐有什么念头在翻腾鼓荡，他望着陈道元，看着他沧桑的脸、鬓角的白发，仿佛有什么声音在召唤他，有什么事情在等待他。

4

那年冬天，下了好大的雪，把地里的大棚都给压倒了。天气严寒，

可挡不住程顺和晨跑的习惯。天刚蒙蒙亮，他就穿上球鞋去地里跑步，寂静的大地上能听到他两脚踩踏积雪发出的节律声，咔嚓、咔嚓。跑过村庄、跑过小河，一直跑到麦田，他停下来扒开积雪察看麦苗生长情况，当看见那些越冬的麦苗在松软的积雪中蒙头沉睡，仿佛经历着甜美的梦境时，他才放下心来。在跑回驻地的路上，忽然听见村头广播里传出哀乐声，他蓦地一惊，不由慢下步子，倾耳细听，等听清内容，心忽地沉了下去，原来，周恩来总理逝世了！

这天，是1976年1月9日的清晨。程顺和回到驻地，看见所有人都跑出屋外站在雪地里倾听讣告。

那一年真是多事之秋，噩耗接二连三地传来，周总理逝世的哀痛尚未消散；7月6日，朱德委员长辞世了；9月9日，毛泽东主席也骤然逝世。短短9个月，三位伟人相继离世，动荡的中国面临前所未有的重新选择。

伴随这些伟人的辞世，自然界也发生了天崩地裂的奇观，在吉林发生了罕见的陨石雨，巨大的陨石在离地面19千米的空中爆炸，3 000多块碎石崩落永吉县境内；云南发生了强烈地震，伤亡2 000多人；河北唐山强烈地震，整个城市夷为废墟，死亡24.2万余人，重伤16.4万余人，轻伤不计其数。如此频繁和巨大的自然灾害，在历史上也十分罕见。一时间，举国上下泪飞倾盆，整个中国陷入哀乐、白花和黑纱的海洋中……

由于唐山大地震的影响，各地都在防震。乡村里，高音喇叭整日宣传：所有人员都不要住在室内，生产队的大牲口、农业机械都要拉到室外。各级干部、党员、民兵全部下村，挨家挨户动员老百姓。程顺和与下乡的同事也在村头空地上搭起帐篷，秋季来临，程顺和躲在帐篷内忙着做秋播的计划和安排……

扬州城里也一样，空阔一点的地方都搭起了防震棚。此时的陈凤琳两头牵挂，一头担心孩子和老人的安危，一头牵挂着下乡蹲点的程顺和，直到乡下来人报知平安，才放下心来。

在层层不断的大会小会传达、文件学习过程中，田里的小麦已经播下，7天过后露出幼芽，远远望去一片隐隐的绿色。此时，蹲守在田

第八章 初到农科所

头的程顺和却在思考，由自然界的枯荣变化想到伟人之死，由伟人之死想到生命的意义……

人生无常，世事无常，谁也逃不过生死大化。可是无常之中又有常，人终究要死是常，一年四季寒来暑往是常，秋播夏收、夏播秋收是常，小麦播种7天萌芽也是常。他想：7，一个多么神奇的数字，小鸡21天破壳，小鸭28天孵化，都是7的倍数，据说胎儿在娘肚子里是7天一变，人死之后也是7天一变，民间因此有做七的习俗，就连这汉字"化"，也是人字旁边一个七。沧桑巨变，人将不惑，接下来的路该怎样走？

程顺和后来说，那些天他想了很多很多。

农时误不得，一误就是一年。那人生呢？"文化大革命"十年，从27岁到37岁，黄金岁月啊，想想就心痛……那段日子，他脑子里总盘旋着这些，渐渐地，随着麦苗蓬勃生长，一个想法也渐渐在他心中冒出头来，他决定等轮休回扬州时，去找所里领导谈一谈。

他要谈的是关于自己未来的人生构想……

第九章 道路和选择

1

又到了程顺和轮休的时间,这次他没有推让,安排好乡下工作,就匆匆赶回扬州。进家门放下背包,没顾得上在家待,就急匆匆赶到所里,直接闯进所领导的办公室,开门见山谈了自己的想法。

程顺和对所领导说:"我原来在南京农学院学的就是小麦育种,在泰兴良种场干的也是小麦育种,并且当时培育出了小麦良种'泰农1号'。'文革'中调到农校,耽搁了几年时间,但教的课和小麦育种也有关系,所以才申请调到农科所来。这几年参与了扬麦3号、扬麦4号的育种,重点工作还是做区试和下乡推广良种,在和农民朝夕相处的过程中,对育种工作有了更深地认识,小麦要想增产,没有良种不行。粮食是国家的根本,小麦又是主要粮食作物,因而考虑再三,还是想把工作重心放在小麦育种上,发挥自己平生所学,把扬麦系列发扬光大,争取在有生之年为国家的小麦育种事业作些贡献。"他特别强调:自己年近不惑,没时间再蹉跎岁月,所以决心要在小麦育种上有所突破。

言辞恳切,充满期盼。

所领导了解程顺和的过往经历,知道他在小麦育种上有想法,在泰兴良种场时已经崭露头角,"泰农1号"获得了成功,倘若不是遭遇"文化大革命",或许在小麦育种上会有更大作为。作为农科所,培育良种是根本,现在程顺和主动请缨,哪有不允之理?而三麦组的实际状况是,陈道元属于退休返聘,育种工作由组长毛坤一主持。所领导通盘考虑后,决定对程顺和的工作岗位进行调整,于是通知三麦组组长毛坤一回所,征求她的意见。

毛坤一和程顺和蹲点不在一个地方,她原在兴化边城公社大同大队,后来又去了戴南。接到回所通知时,她正在戴南公社的一片农田里,顾不得换衣服急忙往所里赶,到所长办公室时,裤腿上还沾着泥巴。所领导对她讲了程顺和的想法,她不仅赞同,而且乐意自己同他

对调岗位。她对所领导说:"程顺和对小麦育种有热情、有想法、有见解,专业对口,由他主持育种是用其所长,比我更合适。我来和他对调,他主持育种,我负责推广栽培。"毛坤一性格开朗,做事风风火火,的确更适合做栽培推广,而且她自己也喜欢。就这样,程顺和的工作重心由区试和栽培推广转到扬麦新品种的选育上来。正是由于这一调换,才有了后来的小麦育种专家——南方麦王。

小麦属禾本科、小麦族、小麦属,是世界三大谷物之一,也是世界上总产量位居第二的粮食作物,超过水稻,仅次于玉米。但在中国,水稻才是本土作物,小麦是外来作物。俗话说"一方水土养一方人",人分南北,小麦亦如是。小麦最早起源于亚洲西部,伊朗、伊拉克以及土耳其地区,后来逐步扩散流传。我国的小麦是经过亚欧草原和西域两条路线流传而来,然后,随着北人南迁的步伐而传播到了南方地区。在春秋战国时期,南方已开始以麦为食。伍子胥奔吴途中,渔父赠其麦饭。这麦饭便是以麦粒像煮稻米饭一样做成的饭食,可惜口感较差,所以当时是下等人才吃的食物。直到汉代发明了石磨,将小麦磨成面粉作为食材,小麦的食用方法才变得多样,味道也可口起来,这才端上了上流社会的餐桌,王公贵族也开始吃面食了。

三国时期,蜀国的费祎出使吴国时,吴主孙权便以饼食招待费祎,费祎还以此作了一篇《麦赋》。到了魏、晋、南北朝时期,尤其是晋室南迁后,面食更加成为日常饮食。书圣王羲之便有"坦腹东床啮胡饼"的美谈,那胡饼即西域流传过来以麦面做的饼,大约类似于今天新疆的馕。《世说新语》中还有一则故事:"何平叔美姿仪,面至白。魏明帝疑其傅粉,正夏月,与热汤饼。既啖,大汗出,以朱衣自拭,色转皎然。"大意是说何平叔的相貌仪态很美,脸非常白,魏明帝怀疑他搽了粉,想检验一下,便在大夏天故意赐滚热的汤面给他吃。何平叔吃了汤饼大汗淋漓,自己撩起红衣擦脸,脸色反而更加光洁。这样的故事读来令人忍俊不禁,同时也真实记录了面食在南方的流行与发展。

由于日常饮食对小麦的需求越来越大,所以世代以稻米为主食的南方,小麦种植也越来越广泛。但是,南方与北方的地理环境、气候条件差异很大,北方生寒、南方生热;北方干燥、南方温湿,由西北方向传来的小麦在南方种植也会出现水土不服。例如，北方小麦在生长过程中是需要浇灌的，当年秦国的强大正是由于开凿了郑国渠，引来充足的水源，保证了小麦的丰产，因而富甲一方；而南方的小麦在生长过程中，不但不需要灌溉，反而还得排涝，加上南方气候长年潮湿，尤其梅雨季节，高温闷湿，常常诱发小麦出现赤霉、白粉等病害以及其他虫害导致减产。因此，经过很长一个历史时期的自然选择，南方小麦开始表现出许多不同于它的先辈——北方小麦的性状特征，逐渐形成了南方特色，自成一派。

在20世纪以前，南方小麦的种植还远没有像水稻那样受重视，农民种植小麦没有种水稻那样用心，品种改良也很少，小麦的产量一直在低位徘徊。20世纪以后，农业科学的建立，遗传选育手段的引进，使小麦的发展在自然选择之外，增加了人工选择。人工选择目的明确、方法直接，大大加快了小麦的发展进化，但人工选择在很大程度上仍然受自然选择的制约，往往需要经过十代甚至更多代的选育，需要十几年才能出一个新品种。当代，随着分子技术、基因工程的应用，小麦育种过程大为缩短，但仍然需要在自然生长的基础上完成和检验。因此，一个小麦新品种的培育，过程枯燥而漫长，需要定力和毅力，需要面对失败，更需要耐得住寂寞。

程顺和经过深思熟虑，决定将后半生和南方小麦良种的培育联结在一起，可以说是选择了一条充满艰辛孤寂的道路。但他踌躇满志、信心满满，人生难得几回搏，既然选定道路，就将义无反顾，风雨兼程，坚定前行！

2

很快，程顺和从蹲点的村庄回到了三麦组的育种研究室，回到了他钟情的南方小麦育种岗位。

所里分配给程顺和一间工作室，作为他午间休息的宿舍，但中午时分正是观察小麦生长的最佳时段，因而在宿舍基本看不到程顺和，大中午顶着太阳蹲守在麦田里。下午别人下班回家了他却不走，而是留在宿舍里记笔记、看资料。到了夜晚,那间宿舍里便亮起了灯光,这时程顺和就在灯下整理分析白天的观察心得和学习新理论。

爱人陈凤琳回忆,自打程顺和在所里主持小麦育种,家里几乎看不见他的人影、听不到他的声音,白天他在农科所,下班后家里也见不到他人,要么是在所里加班,要么就去找人聊育种,而且聊起来就忘了时间。扬州大学农学院有一位叫彭永欣的教授,爱人在农科所工作,家也安在农科所宿舍,程顺和一有空就去找那位教授聊育种和栽培,不管白天黑夜,一聊起来就忘了时间,从国内聊到国外。两人兴趣相投,关注育种的新理论、新观点,有聊不完的话题。碰撞产生思想的火花,交流启迪智慧的灵光,其实,许多鲜活的思想、许多创新的理念,许多新的发明都是在交流碰撞的某一瞬间产生的。然而,教授的夫人却受不了,因为大家同在一个单位,互相熟悉,教授夫人说话也就不大客气,她说:"程顺和,你怎么老是到我们家里来呀,在单位聊不够,还到家里聊?"这意思是下逐客令了。换了一般人,就该起身告辞了,可程顺和却不,他非但不走,还对教授夫人说:"再聊一会,再聊一会,你睡你的,别管我和教授。"教授夫人又好气又好笑:"好好,你们聊、你们聊吧!除了麦子还是麦子,咋不到麦地里聊,那多便当,干脆别睡觉!"

钟情事业的人是没有上班和下班这样的时间概念的,就是吃饭、睡觉,他脑子里也在琢磨他的事情,这是科学家的通病,不然何谈事业的成功?

程顺和爱钻研、善思考,对新鲜经验更感兴趣,乐于吸收新知识为己所用。有一次去北方学习交流,了解到山东农业大学三麦栽培创高产的做法不是传统的密植,而是减少基本苗。细一想,这同家庭中少生优生、为孩子提供最好成长条件是一个道理,程顺和感觉这个思路新颖。江苏省农业科学院和里下河农科所也在创高产,但是延续的是密植做法,田里基本苗较多,容易造成倒伏。回来之后,程顺和就跟所里同志介绍山东的经验,说基本苗太多了不好,要适当稀植才能提高产量。他们把基本苗合理稀植后,果然产量较之前有所提高。

程顺和从中悟出一个道理,密植和稀植要适度,因地制宜,因当

年的气候、土地条件而异，不能墨守成规。

除了种植密度合理，还要深耕。那年秋天，农科所来了一批知青。程顺和正忙着新品种的秋播，知青们就来帮忙。深耕要么用大锹挖，要么用犁。年轻人喜欢摆弄机器，尤其是女孩子们，抢着学开拖拉机，要当铁姑娘。程顺和看了看拖拉机开出的沟行，觉得深度还不够，可知青姑娘说机器的本身性能只能这样了。程顺和想，如果加些重量到犁上去，应该会耕得更深些。他对开拖拉机的姑娘说："你开，我站到犁架上，这样会不会耕得更深些？"说完就自己站到拖拉机后面的犁架上去，让拖拉机手往前开。开拖拉机的姑娘是新手，没有经验，转弯的时候没控制好，一下子把程顺和从架子上甩了出去，重重地摔在田里。旁边有人见状大喊："停下！快停下！"姑娘回头一看，吓得脸色煞白，不知所措。程顺和忍着痛从地上爬起来，活动活动手脚，见没大碍，心里却在扑通扑通直跳。心想，幸亏摔在泥地里，这要是跌在犁头底下，人可就要被犁下去了。他一边掸掉身上的泥土，一边安慰旁边吓傻了的姑娘："没事，没事。"

消息被好事者传到陈凤琳耳朵里，她听后吓得心惊肉跳，冲丈夫发火道："你可真够胆大的，爬到铁犁上，不要命了！"

为了育出小麦良种，程顺和真的拼上了！

程顺和说："搞科研，靠的是功夫（时间）与灵感。功夫是主动性，灵感是突如其来，不由自主，但灵感只有在下足了功夫的基础上才会产生。遗传是一种复杂的现象，可预期、可设计，而不完全可控。出现变异是概率事件，那是原本就包含在亲本中的可能性，神秘莫测，时隐时现。育种家的工作就是探索、诱发和稳定这种可能。什么样的机缘才能令其显现？什么样的手段才能令其稳定？令人着迷，令人追寻，令人衣带渐宽终不悔。数十年后再回过头去寻找，就是基础科学了，探索变异的来源与真相，从考虑去哪儿变为探寻从哪儿来。这是极具想象力的工作，也是最需要实践的工作。每个真正有抱负的科学家都会因此而忘我。"

还在1975年时，农科所就有了钴源，开始将核技术应用到作物育种上。那钴源原本是分配给扬州大学的，但扬州大学没有要。为什么不要？因为钴是放射性物质，具有一定危险性，需要进行特别的维护和管理，如果派不上用场的话不如不要。程顺和听到消息后，马上鼓动农科所领导打报告申请，说辐射育种是一种行之有效的高科技育种手段，钴源这东西对小麦育种有作用。于是钴源就转给了农科所。有了钴源，可以对作物进行辐射育种，把目标性状诱变出来。为此，所里成立了"新技术组"。程顺和积极要求加入新技术组，将新技术运用到小麦育种试验中。陈凤琳担心他的身体，"如有疏漏，钴源会对人体造成伤害，你不怕？"他笑笑："怕这怕那，还搞什么科学试验！"

程顺和全身心扑在小麦育种上，陈道元看在眼里、喜在心上，终于有个可以接替自己的人了。陈道元将平生献给了小麦育种，随着年岁渐高，自觉力不从心，急切想找到一个能接替自己的人，虽平时不善言辞，却在默默观察，他从程顺和身上看到了扬麦未来的希望，不再担心后继乏人。而程顺和对陈道元尊重有加、虚心求教。

程顺和与陈道元成为忘年交，别看陈道元对别人沉默寡言，但和程顺和在一起聊起育种时却像变了一个人，有说不完的话。有一年大年初一，陈凤琳在家中煮好饺子却不见了程顺和，家里以为他去拜年了，久等不至，便让儿子去找人。找到陈道元家，陈道元也不在家。陈凤琳便说：肯定去了试验田。于是和陈道元家人寻到农科所的小麦试验田，果然，找到了蹲在麦田中的陈道元和程顺和。原来那年扬州年三十罕见地下了场大雪，两人不约而同要去雪地实地察看麦苗的变化，却忘了家中煮着饺子……

程顺和敬佩陈道元对待科研的态度，多次对所里的年轻人说："陈先生对育种的热爱到了痴迷程度，搞科研需要他这种专心致志的精神，没有坚持，没有持之以恒，很难出成绩。"其实，这也是程顺和说给自己听的，选择了小麦育种，就是选择了寂寞、选择了坚守、选择了执着。或许这种常人难以做到的坚韧执着就是科学家的品质。

科学的春天真的来了！

1978年春,全国科学大会在北京召开,此次大会经过近一年的筹备,规模空前,参会者最多,有近6000名科学工作者参加,会程最长,从3月18日到3月31日,是中国科技发展史上一次具有里程碑意义的盛会。

"科学技术是生产力,知识分子也是劳动者!"邓小平在大会开幕式上这一句掷地有声的话语给知识分子吃了定心丸,"臭老九"的时代被翻篇了,许多科学家当场热泪盈眶。大会表彰和奖励了862个先进集体、1192名先进科技工作者和7675项优秀科技成果;通过了《1978—1985年全国科学技术发展规划纲要》(以下简称《纲要》),提出把农业、能源、材料、电子计算机、激光、空间、高能物理、遗传工程等8个影响全局的综合性科学技术领域和带头学科放至突出地位,集中力量进行攻关,以推动整个科学技术和整个国民经济高速发展。

在大会闭幕式上,中国科学院院长郭沫若发表了书面讲话——《科学的春天》。会场内气氛热烈,会场外摆满鲜花,迎春怒放,科学的春天与人间的春天一同来到了,它消融了长期禁锢知识分子的桎梏,吹响了向科技现代化进军的号角,科技战线上广大干部和群众的积极性被充分调动起来。

消息传到里下河农科所,全所欢欣。《纲要》把农业摆在首位,更让程顺和备受鼓舞。他希望在不久的将来自己能出现在全国科学大会上,为科学发展建言。

对千千万万科学工作者来说,一个最为直观和切身的感受是:技术职称的评定恢复了,工资收入上涨了。身为农艺师的程顺和每月工资51元,这个工资标准从他大学毕业在泰兴良种场转正为技术员后,竟然十多年未曾变动过,现在终于涨到57元,很快,又涨到了70元。钱虽涨得不多,但它体现出党和国家尊重知识、尊重人才的态度。

"中国到底如何以全世界不到10%的耕地养活全世界20%左右的人口?"答案是提高粮食亩产量,增产增收。在三麦组学习科学大会精神的讨论中,程顺和说,增产增收的基础是"种子",要有良种。1973年,袁隆平搞出了"三系法"杂交水稻,平均亩产增加20%,按此计算,每年增产的稻谷可以多养活5000万人;听说山东还有个农民科学家李登海在探索夏玉米单产的世界纪录。我们是搞小麦育种的，小麦是咱中国人的三大主粮之一，不能落后，我们要快马加鞭，加快培育良种的进度。陈道元在会上虽没发言，但心里赞同程顺和的想法，两人心有灵犀、珠联璧合，鼓足了劲要在扬麦新品种培育上尽快做出成绩来。陈道元任劳任怨、踏实苦干，程顺和脑子灵活、尤善思考，在吹面不寒的杨柳风中，试验田里的麦苗悄悄返青，两人精心培育的扬麦新品种扬麦4号正在茁壮成长。

一天，程顺和同陈道元聊起天来，程顺和对陈道元说："你为小麦育种忙了大半辈子，而且育出了扬麦优秀品种，你应该把你的体会写出来留给后人，这是一笔财富。"陈道元很兴奋："能行吗？"程顺和说："当然行。我也准备把小麦高产栽培的心得写一写，与同行交流。"陈道元点点头，"人生七十古来稀，是应该留下点东西哩。"

1979年，程顺和的论文《小麦高产栽培的几点体会》发表于《江苏农业科学》杂志上。与此同时，陈道元的专著《小麦育种工作的体会》由上海科技出版社出版。大半辈子心血以文字形式出版，陈道元很兴奋，平时沉默寡言的老先生拉着程顺和到家里喝小酒，他掏心窝子话给程顺和说："顺和啊，我研究了一辈子小麦，虽没大的成绩，但也知足了。我所有的体会都写在这本书里，有空时你看看，或许有帮助。现在所里有了你，我就放心了，你在小麦育种上有天赋，有想法，脑子灵活，比我强，将来定成大器！"

陈道元没看错人，程顺和果真是成大事者，还是在那段时间，通过程顺和的努力拿下了扬麦4号的省级审定！

"时雨及芒种，四野皆插秧。家家麦饭美，处处菱歌长……"一首南宋诗人陆游的《时雨》，生动描述了江浙一带芒种时节的景象。一俟芒种节候到来，农人们就进入了夏收、夏种、夏管的"三夏"大忙，正所谓"田家少闲月，五月人倍忙"，抢收抢种，刻不容缓。俗语说得好："芒种忙，麦上场。"小麦成熟要抢收，不然梅雨一来，就易烂场；水稻则要抢种，趁着雨水丰沛，有利秧苗生长。

那年忙完夏收，三麦组接到通知，江苏省协作攻关会议将在南京召开，里下河农科所派程顺和去参加会议。到了南京，程顺和在会场上见到好些熟面孔，南京农学院的老师刘大钧也在。见到程顺和，刘大钧就问："你们扬州拿什么材料来的？"程顺和说这次没带材料来。刘大钧颇感意外，追问道："你们怎么能不拿呢？"程顺和说："所里觉得目前的材料还不是太成熟。"

"哎，你们那个9-10-8-3（即扬麦4号），还有早白1-6-6不是挺好吗？在扬州区试表现很好的嘛！"刘大钧诧异地问。原来，程顺和回归育种岗位后，刘大钧一直在关注着他的这个学生，并去里下河农科所实地考察过，知道他们育种的进展情况。听了老师的话，程顺和解释说："9-10-8-3我曾带到宝应去试种过，表现是挺不错。不过我们还想扩大区试面积，再进一步确定效果。"刘大钧点点头："嗯，实验上严谨些好！我看好你们这个材料，9-10-8-3这个材料很有希望呢！"刘大钧的肯定使程顺和大受鼓舞。

在这次协作攻关会上，许多参会者提到了"难出材料"的问题。难出材料是普遍现象，品种就是从材料出来的，各育种单位每年做试验，在成千上万材料中寻找性状表现良好的品系，每个单位都把自己最好的拿出来，参加区试，在全省选择十几个点，每个点把这些品种集中起来去做，多年多点做下来，大体上就有数了，然后再拿出来审定。在"难出材料"问题讨论中，刘大钧说的一句话令程顺和茅塞顿开。刘大钧说："观点很重要，往往观点改变之后，材料就站在你面前了。"这句话给了程顺和极大启发，也铭记了一辈子，获益良多。程顺和在30多年后接受记者采访时说："刘先生的这句话让我至今记忆犹新，在后来的科研中我逐渐形成了'鉴定抉择时综合性状协调点'的观点，印证了刘先生若干年前的论述。"

刘大钧教授是一位非常爽直、思维深邃的学者，他既是程顺和的良师，也是益友，在程顺和育种道路上的几个关键节点，他都给予了热情的鼓励和提示。

这次省协作攻关会议结束后，程顺和兴致勃勃回到所里，把会场上大家对9-10-8-3的反映说给所领导和三麦组的同志们听，建议拿出来参加区试，但陈道元还是有些担心，总想等性状再稳定些后再拿出去。

9-10-8-3株高约101厘米，籽粒呈红色，角质，千粒重42g左右，的确是很有竞争力的品种。在程顺和的积极争取下，1978—1980年在江苏省淮南片开始区域试验，第一年比对照扬麦3号增产1.9%，第二年比对照扬麦3号增产7.7%，1979年在江苏农学院示范，比对照扬麦3号增产14%。最后通过省级审定，定名为扬麦4号。

扬麦4号顺利通过省级审定，当程顺和将这一消息告诉陈道元时，陈道元止不住老泪纵横，搞了大半辈子扬麦，现在可以说是功德圆满了。

归纳起来，采用科学繁育的长江中下游小麦品种最早的亲本大都来自国外，美国的胜利麦、意大利的阿夫和st1472506，本地的地方品种只有一个"江东门"。20世纪50—60年代，南方麦区以金善宝先生育成的南大2419、矮立多为主要种植品种，也是长江中下游第一次品种更换的代表品种；20世纪60—70年代，陈道元育成的扬麦1号后来居上，年最大种植面积达500万亩，成为第二次品种更换的代表；20世纪70年代中后期，扬麦2号和扬麦3号陆续推广，成为南方麦区第三次品种更换的主要代表，扬麦3号年最大种植面积一度达到798万亩。

现在，有了扬麦4号！

陈道元对程顺和说："扬麦4号得到省级审定，这里面有你一大半的功劳。"程顺和谦逊地说："是您老的基础打得扎实，我只是做了辅助工作！"陈道元真诚地说："我年龄大了，力不从心，以后的扬麦良种培育就要靠你了，我看好你！现在我这把老骨头还算结实，你如果愿意，我来做你的辅助！"

此时，陈道元先生已年近古稀，属于退休返聘，他一直希望扬麦系列的研究能够深入下去，造福麦农，现在看到程顺和在育种方面显现的才能心中大为宽慰，他在程顺和身上看到了扬麦的希望。一次，老先生得病，程顺和去他家中探望，这位一生以育种为生命的老先生敞开心扉，再次向程顺和掏出了心窝子话："顺和啊，我搞了一辈子小麦育种，耗尽了毕生心血才搞出了扬麦系列，我总觉得扬麦品种还应该表现得更好，走得更远，现在这副担子交给你了啊！"程顺和握着老先生的手，感到了他脉搏的跳动，他用力握了握，说："您老别想太多，安心养病，很快会好起来，我还想和你一起下田呢！"

望着青春勃发的程顺和，老先生满意地点点头，脸上露出笑容说："好，托你的吉言，我一定多活几年，陪你在扬麦育种的路上多走一程！"

真正的科学工作者是心胸坦荡、心底无私的，他们心中装的是社会利益而非个人的名利。

两双大手紧握在了一起，传递着一种无声的力量！程顺和望着老先生饱经沧桑的脸庞，感到了一种沉甸甸的责任。此刻，他脑海中甚至响起了小麦拔节的声响，眼前是翻滚的麦浪，一片金黄！啊，好香的麦子啊！

第十章 「三看」理论

1

扬麦4号通过省级审定后不久,毛坤一进入农科所领导班子,分管所里的科研管理,三麦组的实际工作落在了程顺和肩上。所长李燮平和副所长陈澄希望三麦组百尺竿头更上层楼,在征求其他领导意见后,所党委明确程顺和为三麦组组长,全面主持三麦组工作。

科研、行政管理一肩挑,程顺和顿感肩头压力。作为三麦组的主帅,不能眉毛胡子一把抓,必须学会弹钢琴,张弛有度。

经过深思熟虑,程顺和明确了主攻方向,决定集中精力主攻扬麦新品种的选育,同时做好扬麦4号的推广。扬麦系列已经过十多年实践检验,从扬麦1号到扬麦4号都取得了专家的肯定,特别是麦区农民的认可,成为江南及两淮地区小麦升级换代的主要品种。实践证明,扬麦系列是江南和长江流域适合种植的小麦品种,继续做好扬麦品种的培育,提高扬麦品质,造福江南地区的麦农,推动农业、农村发展是农业科研工作者义不容辞的责任。

对扬麦新品种,程顺和充满信心,他的目标是在产量和抗病方面都要超过扬麦4号。

其实,在程顺和从农校进入农科所的第二年,他就开始了对这一新品种的培育。那是1973年,他用(南大2419×胜利麦)×阿夫的第四选系9-16与St1472/506的变异单株进行杂交,通过系谱法选育,效果良好。恰逢其时,他将这一新材料亮了出来,在1979年秋播时将其升入鉴定圃,其系号为12-4-4-2。

12-4-4-2材料的推出,得益于程顺和前期对杂交小麦的研究。

杂种优势是指在生物界中,两个遗传基础不同的品种间或相近物种间进行杂交,其杂交子一代在生长势、生活力、适应性和产量等性状上优于双亲的现象。杂种优势现象在生物界普遍存在。比如将善于奔跑的马和耐力持久的驴杂交,产生的后代骡子就兼具双亲的优势。

与马、驴不同的是，水稻和小麦采用自交的方式繁殖后代。以水稻为例，其每一朵花中既有雄蕊又有雌蕊，称为"双性花"。每一朵小花中的雄蕊产生的花粉与这朵花的雌蕊授粉（自花授粉），最终花粉中的一个精细胞和雌蕊中的卵细胞结合发育成胚，另一个精细胞则与雌蕊中的中央细胞结合发育成胚乳，成熟的胚和胚乳再加上包裹它们的种皮和谷壳就构成了水稻种子，在适宜的条件下就可以萌发生长成一株新的水稻。

由于水稻天然的"双性花"和"自花授粉"的特点，如何才能使一株水稻的花粉与另一株不同的水稻雌蕊授粉、从而实现水稻杂交呢？科学家想到的办法是给水稻做"变性手术"，即人工去雄水稻杂交技术：人为地去掉一株水稻的雄蕊，获得只有雌蕊的雌水稻作为母本；而作为父本的水稻不用特别处理，因为含有精细胞的花粉很容易随风飘落到旁边已去掉了雄蕊的母本水稻的雌蕊上，授粉后就可以获得杂交水稻种子。可以说，杂交水稻最关键的技术便是"去雄"，产生雌水稻以备授粉。

和杂交水稻相比，杂交小麦难度要大得多。水稻基因是二倍体，小麦是六倍体。在二倍体作物中，只要两组染色体上的基因保持协同和一致，性状改良就可以起作用。但小麦是六倍体，要六组染色体上的相关基因都保持协调和一致，难度明显加大。

20世纪以来，为了应对人口迅速增长带来的粮食需求，世界各国纷纷围绕农作物杂种优势利用展开研究。在世界三大粮食作物中，20世纪30年代，美国的杂交玉米率先实现产业化；20世纪70年代，中国以袁隆平为代表的一批科学家，用了20多年的时间逐步将杂交水稻产业化，站在世界前沿；杂交小麦国家也有专门队伍在做，还推广到了国外，但在总体上杂交小麦研究推广是落后于水稻的。

小麦生长是通过能量转化，把阳光转化为能量。程顺和实践中认识到：长江中下游的阳光不如高原地区，就算在高原，一亩田又能吸收多少阳光呢？阳光是有限的。不过，程顺和在杂交小麦研究过程中，也取得了小小的成果，他做成了一个转育不育系，就是把好的品种转成雄性不育，用这个东西做母本，就可以与其他材料配成组合。

自打大学毕业时从老师那里拿到一把小麦种子开始，程顺和就有了保存材料的习惯，因为材料保存下来更有利于后期利用。他将经手的所有材料都一批一批地编起号来，晒干以后放在干燥器里面完好保存着，以备日后再用。大家都知道他这习惯，需要什么材料都会跑来找他要，扬大的教授也会经常找他要材料。直到2017年他病危住进医院手术之前，他在里下河农科所三楼办公室里还摆放着大量的干燥器，里面储存着几十年来的各种材料，他给各种材料编了号，说明各个干燥器里所存材料的相关信息。后来的研究中，这些储存的材料都发挥了很大的作用。

推出12-4-4-2材料后，组里的几位老同志对程顺和全力配合，陈志堂、杨士敏、宦文福、王保辛都年过半百，育种经验丰富，几年共事，他们在实践中都认可程顺和在科研上的才华，因而对程顺和说，你只管大胆提要求，我们全力配合你！

陈道元也退而不休，继续协助程顺和参与对扬麦新品种的培育，随身带着他的三件宝，和年轻同志一样下田做科研。程顺和关心他的身体，劝他说："您老年龄大了，要注意劳逸结合，不要太过劳累，您动嘴，动手的事让年轻人来干。"陈道元嘿嘿一笑："我这人哪，若几日不下田就浑身不舒服，一下田就百病全无。"程顺和只好依他，只是嘱咐组里较年轻的同事平日里多关照他，别让他有闪失。

那年冬天，北风劲吹，气候奇冷，程顺和的心牵挂着鉴定圃里的新品种，早晚都来观察，新品种表现了良好的耐寒性，冻害比扬麦3号、扬麦4号减轻不少。这让程顺和兴奋不已。

第二年春天，冬雪消融，春风和煦，鉴定圃内一片新绿，新品种幼苗直立，绿莹莹的煞是喜人。几天观察下来，新品种表现了较强的分蘖力，更让程顺和满怀希望。

他在观察日记中记载：12-4-4-2适宜于中上等肥力条件下栽培，但在肥力较低的土地上也有较好的适应性。冬前促早发，越冬期形成壮苗，为足穗大穗打基础。苗情指标为越冬始期五叶至五叶一心，总茎蘖数50万～60万，单株带蘖2～3个，越冬期完成第2叶的生长周期，越冬末期第7叶出生，总茎蘖数65万～80万，单株带蘖3～4个。春季要做到稳长壮秆，巩固穗数，促成大穗。

农历二月清明，三月谷雨，眼见麦苗呼呼直往上蹿。芒种季节，株高及腰，程顺和量了量，平均株高近1米。整个生育期间扬麦新品种生长清秀，前期叶色较淡，拔节后叶色转深，顶部两片叶比较披垂，后期秆青籽黄，熟相较好。这让程顺和充满憧憬。

他又记载：苗情指标为返青期主茎第8叶出生，叶色较淡，高峰苗数达80万～90万，主茎第9叶出生前后叶色有一明显褪淡过程。孕穗期主茎第11叶出生，叶色很快转成深绿。后期做到养根保叶争粒重，注意纹枯病防治。

麦熟季节，程顺和天天清早下田，清莹莹的露珠在叶片上滚动，打湿了他的衣衫，他行走麦田间，拿个小本子不停记录、观察，一待就是一天。陈道元也时常来田头转转、看看，他对程顺和说："后期看熟相，越看越好看。"这话让程顺和豁然开朗。程顺和是有心人，他后来在此基础上总结出了育种的三看，即田间选种"前期看长势，后期看熟相，考种看籽粒"，这三看方法朗朗上口，简洁实用，逐渐成为小麦选种的理论方法。

他再记载：苗情指标为乳熟期单茎绿叶3张左右，蜡熟期穗茎黄色，养分的积累和转运正常。亩产800～900斤的产量结构为每亩有效穗31万～34万，每穗实粒数35粒左右，千粒重40克左右。

他在田间观察的结果是，新品种穗型大，呈长方形，长芒白壳；籽多粒大，千粒重高。穗、粒、重较协调，丰产性较好。

新品种收割后，籽粒淡红色、半角质，饱满度较好，富有光泽。脱粒加工后籽粒品质好，出粉率较高，达到76.7%，灰分较低，只有1.85%，面粉色白，拉力强（280BU），食用加工品质较好，做面条、馒头、饺子好于扬麦4号。

程顺和对新品种的表现兴奋不已，决定掀起她的盖头来，将新品种拿出去进行区域试验，全组欣然。

2

然而，前进的道路并不平坦，新品种的区域试验遇到了麻烦。

前面说过，培育成一个新品种非常不易，搞育种的单位很多，不管是常规育种、杂交，还是辐射诱变，都是要它产生变异，把好的选出来。一个单株种一行，叫株行；好的株行把它收起来，种成小区；小区再放大，再种下去，年复一年，从好的里面再选好的，从低代到高代，层层选拔，最后把各单位最好的材料集中到一个区域里试验，叫区域试验，区域试验要做两三年，反复检验、淘汰。通过区域试验后还要进行生产试验，生产试验要两年，第一年面积小些，第二年面积大些，最后才是审定，评出好的，审定通过了，才算出一个新品种，才可以推广种植。材料的培养和选择要经过数十年时间，区试和审定又要好几年，绝对是一个漫长的过程，所以许多人搞了一辈子育种也没能育出一个好的品种来。

扬麦新品种的区试落地并不顺利，程顺和先是拿到安徽某地，某地领导说，区试可以，每亩土地要给多少钱！

一说要钱，程顺和顿时傻了眼，我免费给你种子种，还要我出钱？

你的种子虽然免费给，但你是试验，假若种子不好，减产怎么办？你不得给些补偿？

农科所口袋瘪瘪，拿不出钱来，程顺和只得放弃某地，另选他处。

经过考察，最后选定泰兴的南新人民公社，这一地区气候、土壤肥力等自然条件程顺和较为了解，便于分析观察。去前他托早年在良种场工作时的老友找了公社书记，书记听说农科所来搞区试，立即答应帮忙，并没提钱的事，这让程顺和放下心来。

村前空地上，公社书记早早等候在那里，见到农科所的来人，书记早已露出笑脸，扬麦大名鼎鼎，这方圆百里村前村后种的可不都是扬麦3号、扬麦4号嘛。提起扬麦，农民们都竖大拇指。

要在过去，农科所来进行良种区试，那是公社的光荣，生产队里的荣耀，可现在实行了联产承包责任制，土地权属情况有变，所以握手后公社书记说:"程教授,你是市里来的,你可能还不知道,现在情况同过去不一样了,土地都分到了各家各户,各人自己的土地,他愿意种什么、怎么种那都是他的自由,决定权在他,我们替你宣传,但不能用行政干涉。这位是村支书,具体怎么种,种多少,你跟他谈吧!"

公社书记说的是实情,早在1980年,四川广汉市向阳镇就已经摘下"人民公社"的牌子,成为全国第一个摘下"人民公社"牌子的地方,到1983年10月后国务院颁布了《关于实行政社分开建立乡政府的通知》,人民公社便由乡政府取代。程顺和搞新品种区试时正处在这一变革期。农民刚刚获得土地承包权,把土地视为自家的命根子,对上面的指手画脚有抵触。

当时公社书记身旁站立的一位中年汉子,黑红的脸膛,满脸风霜,正是村支书。程顺和对村支书说:"你能给我多少亩田做实验?"

村支书面露难色,支支吾吾半天也没说出个子丑寅卯来。

公社书记对村支书说,程教授他们是农民的朋友,区试是为了培育出更好的品种,是来帮助你们的,有啥难处你就实话实说。

村支书这才说了实话,他对程顺和说:"程教授,现在村上种地的事,支书、队长说话都不管用啦。所以,你这区试,我们帮着动员动员,社员愿意不愿意拿田出来给你试验,我说话也不管用。"

程顺和听后心里一愣,这才明白,土地都分到了各家各户,区试的事要同村上各家各户谈,村支书也做不了主。这才明白安徽某地为何向他要钱。

的确,农村家庭联产承包责任制的确立,掀开了中国农业发展的新篇章,以前收归公有的集体土地,现在又承包到户,分到个人手中耕种。农民们再次成为土地的主人,有了自主权,可以自由决定在自己的地里种什么,这极大地激发了农民的积极性和创造性。然而,这也向程顺和这样的农业科技工作者提出了新的挑战。搁以前,公社领导一句话,生产队的社员就听指挥,现在种不种要看农民自己的意愿。

看到村支书为难,程顺和对他说:"不管种地的决定权在谁的手里,我相信,中国8亿农民,没有人不想把地种好,没有人不想多打粮、多丰收吧?农民的期望也就是我们农业科研人员的所想,新品种只有比

老品种更好，不然我们费那么大劲搞科研做什么，对吧？"

村支书忙说："对！对！为支持你们工作，我家的地带头试验！"

程顺和向他表示感谢。

程顺和又回头对公社书记说："你就放心吧，我们的新品种比扬麦3号、扬麦4号只好不孬，你现在帮我们向群众做工作，把地拿出来做区域试验，等品种审定通过以后，大面积推广的时候我们肯定将种子优先供应这里的老乡。"

"好，好，都是为老百姓好，回头我召集公社干部们开个会，再跟各村强调强调，尽量配合你们工作。"

两人正在说着，忽然不远处传来一阵噼噼啪啪的掌声和叫好声，几个人循声望去，只见那儿的高台上，一个高个儿男青年正在表演，说扬州评话呢，下面围了许多群众。麦农们觉得新鲜，农科所送良种、送科技，还送来了扬州评话，个个围拢来听得津津有味，连声叫好。

说扬州评话的青年叫杨祥平，是插队到农科所的知青，其父是邗江县委副书记，他本人爱好文艺，人聪明，个性也强，到农科所后分在三麦组，跟着程顺和搞栽培。人家见他气质有些另类，担心他不好好工作，可他做起事来却很认真，秋播夏忙时节，只要他一出现，现场气氛就会活跃，而且写得一手好文章，程顺和惜才爱才，所以，下乡搞推广一定带上他。没想到这次杨祥平用评话的方式推广良种试验起到了很好的宣传效果。

程顺和与身边的两个同事对视了一眼，微微笑道：看来今后向群众推广良种要改变过去传统的做法呢！

这一趟南新公社之行，令程顺和深有感触，茅塞顿开。时代在变、形势在变，人们的思维方式也应改变，不能再用过去老一套的工作方法了。

3

新品种在区域试验中经受着考验。

几年观察下来，程顺和总结出新品种的以下特征特性：

春性、中熟类型。幼苗直立，分蘖力较强，成穗率较高，亩穗数较多；穗型大，呈长方形，长芒白壳；籽多粒大，千粒重高。穗、粒、重较协调，丰产性较好。

株高约98厘米，茎秆略细，有弹性，抗倒性好于扬麦4号。耐寒性较好，冻害比扬麦3、扬麦4号轻。整个生育期间生长清秀，前期叶色较淡，拔节后叶色转深，顶部两片叶比较披垂，后期秆青籽黄，熟相较好。抗病性与扬麦4号相仿，中抗赤霉病，比扬麦3号、宁麦3号发病轻；白粉病中等偏重，但比扬麦3号轻；多雨多肥条件下较易感染纹枯病。

适播期较宽，成熟期适中。

根据在高邮县农科所的播期试验，从10月15日至11月14日的四个播期中，每个播期的产量均高于扬麦4号，平均增产10.3%。播期越早或越迟，增产越明显。

江都县农科所的播期试验结果也是如此。这个新品种前三期之间产量差异不显著，扬麦4号第二期产量极显著地高于其他各期，说明适播期范围宽于扬麦4号。在抽穗扬花后籽粒灌浆较快，其成熟期虽比扬麦4号迟1~3天，但比宁麦3号早3~4天，中等偏早。

由于该品种综合性状较好，有一定抗逆性，因此在1983年赤霉病大发生、1984年白粉病大发生和1985年后期赤霉病大发生时经受了考验，表现较好，产量高而稳定。

对这一结果，程顺和很兴奋，特别在1983年、1985年赤霉病大面积发生时，他曾有所担心新品种的产量会受到影响，急匆匆赶到区域试验地，和团队人员蹲守在田间地头，察看小麦发病情况，结果证实新品种抗病性较强，因而信心大增。

程顺和决定将新品种送省里审定，谁知审定也没有预期的顺利。

2018年3月间，在程顺和家中。他告诉我们，审定专家对新品种的产量不是十分满意，1983年第一次送审时没给通过。

那么，新品种产量方面到底如何呢？

在该品种通过审定，被命名为扬麦5号后，程顺和在论文中将几年区试结果公布如下：

1980年，扬麦5号在本所鉴定圃亩产936.03斤，比扬麦3号和宁麦3号分别增产13.7%和13.8%。1981—1983年参加扬州市区域试验，3年的平均亩产分别为620斤、757.33斤、816.7斤，除第一年比宁麦3号减产3.24%外，后两年分别比宁麦3号增产9.3%和13.9%。1983年和1984年参加江苏省淮南片区域试验，平均亩产分别为543.56斤和666.9斤，比扬麦3号分别增产12.07%和16.4%，比宁麦3号分别增产4.6%和14.4%。1985年参加南方冬麦区华东片区域试验，平均亩产526.58斤比宁麦3号增产13.63%。根据1980—1985年在江苏省和南方冬麦区华东片区试和扬州、苏州、杭州、江苏省农垦系统的品比试验，扬麦5号平均比扬麦3号增产16.39%，比宁麦3号增产11.32%，比扬麦4号增产10.68%，比浙麦1号增产18.19%。又据1983—1985年在江苏、浙江、安徽长江两岸和太湖流域的29个点的大田生产示范和大区品比试验，扬麦5号比扬麦3号、扬麦4号、宁麦3号、浙麦1号分别增产12.14%、8.17%、16.27%、20%。

从这一结果看，扬麦5号在产量上比扬麦3号、扬麦4号都有增产。但与扬麦4号相比，丰产优势并不特别明显。

从1973年开始杂交实验，到1983年送审，新品种的培育已经过去了10年。

10年心血，10年汗水，10年付出！

第一次审定的结果揭晓，当得知新品种的审定没被通过时，程顺和的心中感到了一丝沉重，甚至有一丝委屈。这些年他将全部精力都花在了对新品种的培育上，而对3年来参加区试的结果也感到满意，认为新品种产量比扬麦3号、扬麦4号高，综合性状表现好，应当推向市场。但专家们的结论是：新品种产量虽优于扬麦4号，但在所有参试品种中产量不是最高，因而审定不予通过。

从荒年走出来的人，多半将高产作为育种的目标，程顺和也不例外，也希望扬麦新品种能提高产量。"大跃进"时，有人向中央报喜，说小麦亩产10000斤，那是吹牛。国内小麦亩产纪录在600~800斤，南方小麦产量比北方稍低一些。程顺和希望团队向着高产的目标努力，但小麦毕竟不同于水稻，想提高几十斤产量谈何容易！

老师刘大钧拍拍程顺和的肩膀说："别着急，别气馁，我看好你的新品种，再努力一把！"

程顺和冲老师一笑："我会的！"

程顺和心中憋了一股劲，面对他的团队说："这几年的区试大家都参加了，有目共睹，新品种表现了良好的综合性状，抗倒伏、抗病害，灾年不减产，籽粒品质好，下一步我们要对新品种进一步提纯复壮，增加丰产性，争取早一天通过审定，把它推向市场！"

团队摩拳擦掌，按照程顺和的部署，立即投入新的战斗！

大家走淮南、奔浙江，去苏州、下浦东，在江苏、浙江、安徽长江两岸和太湖流域布下了29个区域试验点，对新品种提纯复壮，使之在不同区域经受自然、气候、环境、土地、水肥等各项考验。两年下来，新品种产量、品质又有提高。

程顺和信心满满，1985年再次将新品种报审。

结果却依然令程顺和失望，专家的意见和第一次意见相仿：因为"该品种在区试中表现没有其他品种突出"而延期审定。所谓不突出，还是因为产量，产量虽有所提高但在所有参审品种中不是最高。

以产量论英雄是审定中的不二法门。

程顺和想起老师刘大钧的话："观点很重要，往往观点改变之后，材料就站在你面前了。"现在的情况是，大多数专家的思想还停留在高产第一的阶段，不看综合性状，只看产量。就好比高考只看分数，不看特长一样。往往有些特殊人才就被分数挡在了大学门外，偶尔也有人慧眼识才，破格录取特殊人才。程顺和就像是考生家长，但他不能坐等人家来破格录取。经过周密思考、精心分析，程顺和在小麦育种界率先提出了"鉴定选择时的综合性状协调点"观点，认为高代材料鉴定选择时，育种者的观点是决定材料成败的关键，不同的育种者对同一分离群体或中间试验各自选出完全不同的材料。而在评价一个品种或品系时，评价者的观点存在差别，在鉴定抉择时需要按综合性状协调点来选择，而不是只看产量一项指标。

说白了：高产性是很重要的一项指标，但选择是否良种不能只用高产一个标准。

程顺和解释:"鉴定选择时的综合性状协调点"主要包括两个方面:一是综合性状可互补。产量、熟期、抗性、品质等要素可以在没有限制因素的前提下达到一个能为生产接受的协调点,其中某一要素弱些,可因其他要素特别好而得到弥补。例如,成熟迟些,但产量很高。这是多数高产品种的特点。二是无限制性因素。在确定一个品系是否有应用前景时,不一定要求产量、熟期、品质、抗性等指标全部名列前茅,但必须没有生产上不能接受的限制性因素(如冻害严重或某种常发病害特重等)。与对照品种相比,各方面占优就可以了,就是常说的主要病害和抗逆性只要过得去,大灾之年不大减产就能用于生产,如果还有1~2项优点非常突出,那就是很不错的品种。这个新品种在区试中比原推广的扬麦3号、扬麦4号品种平均增产12.28%,每亩增产粮食36.4千克,看起来增产幅度不是特别高,但它还同时具有抗病、优质、适应性广的优点,尤其可贵的是它的育成,使大面积抗赤霉病品种选育研究取得重要进展。

程顺和同组里年轻人开玩笑,"综合性状协调点"也可以用到谈恋爱、选对象上去。他说:谈恋爱,选择对象不要只管脸蛋漂亮,要综合看各方面,譬如身材、身高、健康、素质等,但也不是每个特点都要最好,那是不可能的,总之要协调,允许某个方面优点突出,但不能有特别差的短板,就是综合素质要好。

程顺和的观点一经提出,便在业内引起强烈震动,"投石冲开水中天",业界认为程顺和的观点很新颖,打破了唯产量是举的传统观念,或许能在育种方向上另辟蹊径,开出一片新天地。

在程顺和不懈地努力下,"鉴定选择时的综合性状协调点"观点逐渐得到业界认可,综合考量,扬麦新品种质压群芳,1986年4月经江苏省品种审定委员会审定通过,定名为扬麦5号,确定在淮南麦区中肥条件的中晚茬及淮北麦区南部作晚茬种植。

4

是金子，总会发光的。丰产性、抗病性、适应性都十分优秀的扬麦5号一经推出，很快得到麦农认可，品种推广形成燎原之势，在通过江苏省审定后，又相继通过上海市、安徽省、国家农作物品种审定委员会的审定，推广面积迅速达到1713万亩，继而又突破2000万亩，因其适应性广，不但在江苏、浙江、安徽地区广泛分布，在河南、湖北等地也有种植，成为长江中下游麦区第四次大面积更换的代表品种。

有一个事例能够说明扬麦5号受欢迎的程度，程顺和亲自指导扬麦5号原种繁殖田生产，因各地需求不断上升，导致种子价格直线上升，最后卖到1.8元/斤，依然供不应求。1.8元/斤，这在当时是吓人的价格。有同行知道后有意见，说：程顺和把种子卖得这么贵，我们要告他。听到议论，程顺和不由摇摇头："不是我把价格定得这么贵，是市场需求把价格抬得这么高。种子少，需求高，种子场为了拿到原种，就主动加价。走向市场经济了嘛，品质论英雄！人家愿出高价，我为什么不卖？"

程顺和想起在此之前，曾经想把种子拿到安徽某地去繁育，对方提出要交地钱。那时程顺和没钱给，碰壁后只好另觅途径，把种子拿到了泰兴。扬麦5号火了后，程顺和兑现当初承诺，优先优惠供应泰兴等地，泰兴等地的麦农着实高兴，嚷嚷着要给程顺和送面锦旗。程顺和笑说："锦旗就不用了，以后我搞新品种实验，你们拿出土地支持就行。"麦农们就笑："以后你搞新品种试验，我们保证一路绿灯！"

扬麦5号的成功推出，使程顺和更加明确了小麦育种的方向，在消费者对粮食品质需求日益提高的情况下，育种者不仅要追求产量，更要追求品质，以满足消费者的多元需求。

扬麦5号通过审定后不久，程顺和即将10多年的田间观察笔记加以整理，通宵达旦，奋笔疾书，以"扬麦5号及其应用"为题，很快写成论文，在《江苏农业科学》上发表，他在论文中对扬麦5号的种植做了详尽说明，便于各地麦区推广应用：

1.适期播种：在扬州市沿江、沿河一带从10月20日至11月上旬为播种适期，但以霜降前后为最佳播期。长江以南可适当迟些，淮河南岸可适当早些。

2. 合理密植：扬麦5号植株繁茂性较好，成穗率较高，应根据产量水平，施肥水平和播期确定适当苗数，在中上等肥力土壤上，亩产要达800斤左右，需采取主茎分蘖并重的途径，10月底以前播种，基本苗以14万～18万株/亩为宜。若生产水平较低，播种较迟，基本苗以20万～25万株/亩为宜。小面积高产田基本苗以10万～12万株/亩为好。

无论何种密度，均要注意精整土地，均匀播种，并确保土壤适宜的含水量，从而保证苗足、苗早、苗匀、苗壮。

3. 合理施肥：扬麦5号耐肥性抗倒性优于扬麦2号、扬麦3号、扬麦4号，必须根据产量指标，土壤肥力、苗情特点和气候条件来决定总施肥量和施肥方法。在中上等地力上，要取得800斤左右产量，以亩施30～36斤纯氮为宜，采用"V"形施肥法：重施基肥，以有机肥为主，占总施氮量的55%～70%；注意早施苗肥，增蘖争穗；重施拔节肥，以化肥为主，占20%～25%；其余为平衡肥，在足穗的前提下争大穗，同时注意防倒伏。在大面积500～600斤的生产水平下，需施足基肥，注意施好腊肥和返青拔节肥。基肥不足，则要重施腊肥；基肥充足，要重施返青拔节肥，兼顾穗数和粒数。抽穗后叶面喷施尿素或磷酸二氢钾，可增加每穗粒数；喷施亚硫酸氢钠，有利提高粒重；喷洒三十烷醇，粒重和粒数均有增加。

4. 防病治虫：赤霉病、白粉病发生重的年份，注意及早用多菌灵，粉锈宁（三唑酮）混合防治，后期用井冈霉素防治纹枯病，可以有效减轻倒伏和枯穗的发生。

论文写完后，程顺和征求了参与新品种试验的陈志堂、杨士敏、张伯桥等同志的意见，加以修改，使之更加有实用性。然后拿给陈道元先生审阅，陈道元大为惊诧："哎呀！你这么快就写好论文了？"程顺和一笑："时间不等人，早一天公布，麦农早一天收益。其实也没费工夫，都是实际情况总结，没什么深奥的理论，都是大实话。"

陈道元看完后点点头："这论文是你用10多年的汗水写出来的呀！"

5

程顺和接任组长后,既要搞科研,又要兼顾管理和经营,工作量一下增加许多。好在他平时苦累惯了,又正值壮年,因而干劲十足,在主持培育扬麦5号的同时,又接连做了几件大事。

第一件大事就是建实验大楼。

1982年,三麦组先前培育出的扬麦3号喜获农业部科学技术进步奖一等奖,为此,农业部下拨专款30万元,用于三麦组建实验大楼。

三麦组要建新大楼的消息传开后,所里出现不同声音,说三麦组建那么多房子干什么?还不如把钱用到所里其他地方。程顺和也听到了,但他是那种做事极认真的人,严格按章办事,敢于坚持原则,所以不同意把建房的钱挪作他用。他说:"这是农业部拨的建小麦育种科研大楼的专款,专款就要专用,若用到和小麦育种实验楼无关的地方就违反了规定。"见程顺和不松口,有的同志就建议,不如将房子建到马路边,一楼建成门面房,以后可以开门做生意。程顺和又反对:"实验大楼是用来搞科研的,不是做生意的,建到大马路边,人来人往,吵吵嚷嚷,还怎么搞科研?再说大楼建成什么样,农业部是有要求的,图纸都画好了,能随便更改?"所领导了解程顺和的性格,知道他平时做事和搞科研一样顶真,在关键时刻给了他大力支持,决定按照农业部的要求将实验大楼建在原先规划的地方。

大楼开建后,可把程顺和忙坏了。建实验大楼不是个小事,设计图纸、土建工程、建筑材料,作为实际使用单位的负责人事事要把关。程顺和白天忙科研,晚上去工地,忙得昏天黑地。

一天,一位老朋友找上门来,左手拎两瓶酒,右手拿两条烟。见是老朋友,程顺和赶忙让进家门,说:"这又不过年过节,你这是何意?"老朋友说:"你不是在建实验大楼吗?你把那个工程交给我,让我来帮你设计建造,到时候我可以给你弄一套宽敞的房子。"程顺和听了非常吃惊,"工程给你建,你就能给我一套房子?"朋友点点头:"是啊,这可是举手之劳啊,不费什么力气,还省得你自己忙累!"程顺和连连摆手:"这可使不得,建实验楼农业部有要求,所里有领导,我说了不算,再说,我也不需要房子!"说了这一句话,丢了个老朋友。人家沉着脸走了,原本关系不错,打这以后再也不上门走动了。

工程开始动工,挖地基,打桩。挖着挖着,居然挖出了一些陶器,程顺和见了,赶忙让工程队停工,说不定地下有文物,要向文管所报告。工程队负责人说:"程教授,你可不能报告,若地下真有文物,这个工程要停下来,不知道哪天才能复工!"程顺和说:"就是停工也要报告,咱们不能违反国家规定。"工程队的负责人撇撇嘴,"要停工你得赔我停工损失!"程顺和坚持说:"就是赔你损失也要报告!"文管所的同志听闻消息赶来察看,经鉴定,原来地下有一座唐代墓葬,立即调兵遣将进行挖掘,虽无重要文物,但也出土了一些彩陶窑器,其中出土的一件三彩鹰嘴壶彩陶酒器,非常精美,属巩县窑器。这些外来窑器在瘦西湖边出土,充分说明在唐代,扬州依托运河通江达海,也是海上丝绸之路的重镇,是南北物资的集散地,作为古代历史名城,随便哪里挖下去就有古迹。

鹰嘴壶的插曲过后,工程进行得十分顺利。程顺和忙于扬麦新品种的试验和扬麦4号的推广,委派一位科技干部负责工地日常工作。暑往寒来,一年过去,大楼建好了。楼高三层,一楼是仓库,二楼办公,三楼搞试验,楼前有个很大的水泥晒场。在农科所那几排平房的衬托下,实验楼更是鹤立鸡群。其他研究室的人过来参观,都羡慕得很,有的就说:三麦组这下发达了,这么漂亮的实验大楼,坐在里面办公多舒服啊!

程顺和却从话语中听到了另外一层意思,他告诫自己和组里同志,改善基础条件是为了更好地搞科研,咱们不能松劲,要更加努力,多出研究成果,报效国家,报效人民。

第二件大事就是建温室。

大楼建好后,做事认真加细心的程顺和发现了问题,上面拨款30万元,可真正用于大楼建设的只有23万元,还有7万元哪去了?有人说反正大楼是按标准建起来的,用不着那么细致地抠账本。程顺和不依,声明一定要查清楚。程顺和的做法让许多人心里不舒服,背后议论,"这个老程啊,做事认死理!""什么认死理?就是个大傻瓜!"查到最后,工程队、农科所、银行,三头六面,查到剩下的7万元,还挂在农科所的账上没动。剩下的7万元怎么花？有人眼巴巴瞅着能分一点给个人，大家辛苦一场，发点福利顺理成章。征求程顺和的意见，他却说："我的意见是拿来建温室。"

程顺和的温室梦酝酿好些年了，早几年前看电影《儿子、孙子和种子》，电影中那个"种子迷"似乎就是他自己，"种子迷"醉心于研究新品种，一心想建个温室搞育种，程顺和也想有个温室。小麦选育有其自然生长过程，在这个过程中，科研者不得不等待，但人的时间有限，这样的等待令人焦急，于是想方设法搞"加代"，加快育种的进程。农科所当时条件有限，程顺和建温室的心愿一直无法达成。20世纪70年代末，做了一个简陋的温室，因为简陋，也起不了多大作用。什么时候才能拥有一个真正的玻璃房温室？对程顺和来说仍是一个梦。现在这个梦有条件实现了，他不禁在心中筹划起来：本地育种一年只能种一季，把温室建起来以后，可以做到两年三季，8月先在室外播种，要遮阳，10月1日左右移入温室，温室内根据当季气候变化进行加温，一般到10月底至11月初可以开花，到翌年1月就能成熟，把成熟的麦子收上来进行选种，当月再播下去，就可以在6月成熟收获。这样一来，每个品种的育种周期将大为缩短。

对程顺和的建议，有些同志私下有想法，嘀咕说："老程这人脑子里就装着俩字'育种'！发点福利咋的啦？"程顺和却不这样想，钱花在哪里，要按照规定来，花在不该花的地方，要出问题。在程顺和的坚持下，三麦组的温室顺利建成，并很快投入使用。程顺和心里美滋滋的，温室加代等于同自然、同人生赛跑，抢来了更多科研时间，是对生命的延长啊！

程顺和一心盼望的玻璃温室建成了，新的困难却接踵而至。玻璃房的温室需要加温，可那个时候农科所条件差，经费紧张，冬天用不起电，买不起加温的锅炉。程顺和动起了脑筋，买不起就自己建，土法上马。他找来当地农民用土法砌了一个炉子，烧煤加热，在温室里从北通到南架起铁皮管子输送热力，温度升降都靠人工控制。这办法虽土，却有实效，但有危险性，要提防一氧化碳中毒。程顺和总是很小心，白天有人通风，到晚上把炉门关小，并适当留有通风口。每当天气发生变

化、冷热骤变时，程顺和都不放心，非得亲自到温室查看不可。

那年年底，忽然寒流过境，气温陡降，天空阴沉沉的，接连下了几天冬雨。某天晚上，寒风飕飕，雪花随风而至，那天程顺和已回到家中，看见雪势不减，想到温室内的小麦正处于扬花的关键期，对温度十分敏感，实在放心不下，晚饭后还是推着自行车出了家门。这种事陈凤琳已是司空见惯，也就见怪不怪，只是嘱咐他风紧雪猛、天寒夜黑，自己要多加小心。

南方的雪湿淋淋的，边下边化，路上非常湿滑，当他骑车经过大虹桥时忽然滑倒，连人带车从桥面上摔了下来，好在地面上是泥雪，他慢慢爬起来晃晃胳膊和腿，并没有摔坏，也就不顾一身泥水，把自行车扶起，推着走到温室来。进了温室，值班员一看他那副样子吓了一跳，问他发生了什么事，他顾不上回答，先去看温度计，再去看炉子，巡视一遍温室的麦苗，见一切如常，这才放下心来。轻描淡写地说了一句："不小心摔了一跤。"便在煤炉边烤起了衣服。

6

在程顺和担任三麦组长期间，农科所进行结构调整，将大麦、元麦与小麦分开来，把小麦育种与油菜育种合成一组，更名为"油麦育种组"，简称"油麦组"，仍由程顺和担任组长。1993年再分家，油菜作为经济作物单独划分出去，"油麦组"正式更名为"小麦室"，程顺和成为小麦室的第一任主任，这是后话。

农业科学家的时间不是以日月星期来计算的，他们的岁月以时令划分，尤其以农历节气为准。立冬之后，北风吹拂，野外田间工作日渐减少，油麦组实验大楼内却仍是一派繁忙景象。这时里下河农科所接到上面文件，农业部和国家要评奖，要求将近几年科研成果上报。

此时，扬麦5号风头正劲，已经成为长江下游和中游部分地区的主栽品种，它的优良品质和普及促成了长江下游小麦品种第四次大面积换代，在江苏、安徽、浙江、上海、河南等地累计种植面积达8700万亩以上，累计净增产粮食18.64亿千克，净增效益14.5亿元，为我国粮食生产发展作出了重大贡献。

里下河农科所决定以扬麦5号申报科技奖。

程顺和让年轻的张伯桥参与整理报奖材料。

张伯桥回忆：那个时候电脑尚未普及，新出的486、586，一台要上万元，油麦组作为地区农业科研单位下属的一个研究小组，办公条件有限，买不起，那一沓沓厚厚的报告材料全靠手写誊抄。程顺和是非常严谨的人，对报奖材料更是严格把关，一个数据、一个措辞都要准确，材料改动很大。为节省整理誊写时间，大家想了个办法，用印染纸，每一遍上下三层复写出三份，一份作底稿留下备查，其他两份拿去审阅修改。程顺和审阅时，手边总有一把剪子，把能用的剪下来，需要修改和补充的则另写加入，然后拼贴起来，再交人去整理誊写。那几天，每天都忙到深夜，程顺和一直和年轻人一起加班。

好消息接连而至。1990年，扬麦5号获得农牧渔业部科学技术进步奖一等奖；1991年，又突破性地荣获国家科学技术进步奖一等奖。

国家科学技术进步奖是我国最权威的政府科技奖励，是党中央、国务院提倡科学技术是第一生产力的体现，也是尊重人才、尊重创造的表现。这个奖是奖励给杰出的科技人才和科技成果的，它充分调动了广大科技工作者的积极性和创造性，也为广大科技工作者特别是年轻科学家树立了榜样。国家科学技术进步奖的颁发一年一度，每一年颁奖都是科技界的盛事，备受公众瞩目。

获奖消息传来，全所欢欣，大家都来向程顺和祝贺。程顺和也激动难抑，那晚回到家中，他让老伴炒了几个菜，从柜子里拿出一瓶珍藏了多年的好酒，自斟起来。老伴见状奇怪，"老程今日怎么啦？平时在家一个人基本不喝酒，今天怎么喝上啦？"高兴呗！在育种战线上奋斗了大半辈子，现在终于有了成果，他感到无比欣慰。

程顺和知道，成功离不开团队的协作，特别是陈道元老先生的默默支持，他在第一时间向陈道元通报了获奖的消息，陈道元高兴地说："这下我死也可以瞑目了！"

扬麦5号获国家大奖的第二年春天，陈道元先生即将迎来八十大寿，程顺和决定替他好好操持一番。为此他找人把陈老的住房进行了

重新装修，并通知油麦组全体人员到时都去给陈老贺寿。看到家中焕然一新，陈道元非常开心，亲戚朋友都提前从外地来到扬州，陈老的兄弟也从青海赶来。兄弟相见激动不已，把手长谈深夜忆旧。就在大家都高高兴兴、忙忙碌碌，只待寿辰一到便举杯欢庆时，无常突至，谁也没有想到，陈道元先生就在生日来临之际突发心梗，骤然离世了。一时间祝寿欢宴变成了追思悼念，令人无限怅惘。

陈道元的突然离世，令程顺和悲痛欲绝，英雄相惜，悲泪长流。

对陈道元先生，程顺和评价甚高，视其为师长，尊敬且钦佩。他常常回忆起他们在阳光普照的麦田中一边选种一边交流的时光，想起在夜幕四合结伴归家的途中进行理论和学术探讨的情景。程顺和曾对人说："都说陈老生前，不爱言谈，那是他不说和育种无关的话，若谈起育种，常常滔滔不绝。我经常去他家串门，陈老的妻子施玉如虽是一位家庭主妇，能言善道，与陈技师平日的沉默寡言迥然有别，但一谈起育种，陈老就像换了一个人，俨然成为谈话的主角。"

这有趣的现象曾引起程顺和的关注与思考。即使到了晚年，程顺和依然常常想起这位师长，他说：我经常在想，陈道元先生的实践、经验、观点能总结出些什么东西来？其实，后人都是站在前人的肩膀上才有所成就。我后来的好多观点，是从陈道元先生那里受到启发的。在怎样选种、怎样分别早枯和熟相这个问题上，陈道元先生说过一句有名的话，"后期看熟相，越看越好看"，意思就是在麦田里反复地看，好材料到后来是越看越好看，如果那个不行的，可能开始看着好，秆又矮，穗又大，但是后来就会慢慢不行，焦枯了，种子也瘪，那就越看越难看。我由此发展总结出了"三看"观点：前期看长势，后期看熟相，考种看籽粒。从苗期看起，关键是后期看熟相。

《中国农业百科全书·农作物卷》这样评价程顺和在扬麦5号上的成就：

以陈道元先生"看熟相"的方法为基础，程顺和提出"三看"的表型选择方法，并首先提出和运用"综合性状协调的观点"，育成丰产性、抗病性、适应性都十分优秀的扬麦5号，是我国20世纪80年代末种植面积最大的小麦品种，促成了长江下游小麦品种第五次大面积更换，1991年获国家科学技术进步奖一等奖。

第十一章
「要想发,扬麦158!」

1

扬麦5号的获奖为里下河农科所带来荣誉,程顺和也获得业界认可,被国家人事部授予"国家有突出贡献中青年专家",享受国务院政府特殊津贴。

那时,国家虽然重视科研,但粥少僧多,投入不够,社会上流行的一些调侃语:"学好数理化,不如有个好爸爸""研究原子弹的,不如卖茶叶蛋的",反映的就是科研人员的尴尬处境。因而,20世纪90年代初期,机关人员下海成为一股潮流。不仅有国家机关单位的公务员下海,包括科研院所以及高校的教授们也纷纷下海弄潮了。

相比其他科研单位,农科所的经济条件更差,科研经费严重不足,财务室没钱,报销都得挂号排长队,单位职工不但没有奖金外快,连那点死工资都几乎难保。那年月,农科所困难到什么程度?20世纪80年代,所里的"生物技术""综合研究""核技术应用"三个研究小组到了春耕时只能共用一头牛。农时不等人呀,每次春耕前,三个组的人都要去争牛,管牛的人被吵得头大,年年都要生一肚子气。

所里如此,程顺和所负责的油麦组的财务状况更是捉襟见肘。很难想象,在那个全民经商的年代,油麦组为了生存,不仅在农科所前的大路旁摆起了路边摊卖种子,甚至还办起了服装厂、涂料厂,这种现象在今天看来简直是不务正业,然而在当时却是迫不得已。作为组长的程顺和,不仅要为育种费神劳力,为科研活动的可持续性操心,还得为全组人的生活操心,他的两个肩膀,一面担负着要出科研成果的压力,一面担负着职工生存的压力,着实是重任在肩,压力山大。

有人便来鼓动程顺和:"凭你现在的名望资本,你若肯下海,我保你成百万富翁!"

甚至有人拿钱上门相邀。

程顺和不为所动。当初最终选择育种为终生奋斗目标,就是因为经历过饥馑年代,知道吃饭的重要。中国这样一个人口大国,粮食问题事关国计民生,是国家发展的根本利益所在,不能为了个人富裕而放弃最初的理想。因而,不管潮涨潮落,程顺和的人生目标不变,就是坚守小麦育种。

当年在三麦组插队的知青杨祥平,后来离开农科所,调入扬州市种子站。杨祥平的父亲从县委副书记升任扬州市委领导,他很欣赏程顺和,想把程顺和调到扬州科委去。人往高处走,水往低处流,科委是领导机关,待遇又比农科所好,朋友们都劝他去。程顺和依然不为所动,他笑说自己不适合官场,想一心留在农科所钻研他的良种。

扬麦5号获国家大奖之后,程顺和并没有停下科研的脚步,又带领他的团队集中精力进行扬麦新品种的培育,代号为87-158的新品种提上日程。

20世纪80年代之前,中国的粮食产量与施用化肥量是同步增长的,但是到20世纪80年代后期至90年代初,施肥量在不断加大,加上为追求产量而将植株种得较密,结果导致白粉病、赤霉病等病害对小麦形成危害,此时,多抗性在小麦育种目标要求中所占的比重大幅增加。所谓多抗性是指:一是抗病,包括抗真菌性、细菌性病害和病毒病、线虫病;二是抗虫,主要是抗麦蚜;三是抗逆,即对抗各种不利环境因素造成的逆境。

抗性育种从来没有一劳永逸的解决方案。害虫和病原微生物会很快演化出对抗性植物的适应性,抗病品种会再次成为感病品种。为此,育种者得不断开发抗病新品种。程顺和说:"导致小麦病害的病菌变异速度很快,平均大约5.5年就能产生一个新的生理小种,而小麦育种的速度则很慢,8~10年才能育成一个小麦新品种。"抗病小麦的培育,是一个世界难题,也是农业科学家们不懈追求的目标。

在长期的科研实践过程中,程顺和总结出了"品种育成初期进行种性再加工的可能性和必要性"观点。所谓种性再加工,就是提高品种的遗传特性。他认为扬麦系列对赤霉病具有中抗能力,这种优良品质就是在品种选育中不断强化抗病遗传特性做到的。

代号为87-158的扬麦新品种就是以抗病为主要培育目标。

20世纪90年代初期,改革开放进入关键节点,代号为87-158的小麦品种培育计划也进入关键时期。

2

瘦西湖的春色迷人,碧波荡漾,岸柳青青,暖风拂面。

程顺和却无暇观赏景色,他正为年轻科研人才的匮乏而着急上火。

小麦的新陈代谢,人的新陈代谢,时代的新陈代谢,都有其不可抗拒的规律,油麦组这个团体也是如此。

原本就缺年轻人才,三麦组分组后专业人才后继乏人问题更加凸显,程顺和只好四处求才,通过老同学、老同事、老师及相关单位的朋友,寻找新人。但年轻人才却不好找,原因无它,只为一个"农"字,另加一个"穷"字。说实话,那时的年轻人到了农科所对象都不好找,就连农科所自己的子弟都不肯在农科所内找对象。哼,什么科研所?不就是个老农民嘛!也确实,在一般人的印象中科研人员应该是穿着白大褂,摆弄着仪器,坐在整洁的办公室里的那种,而农科所研究人员大部分时间却要待在田里,甚至要亲自播种、施肥、除草……,这在形式上和农民种地确实没有多大区别。关键是那时科研经费短缺,科研人员的工资待遇也不高。

在扬州农校任教的老同事向程顺和推荐了几个农校农学专业的毕业生,俊男靓女,朝气蓬勃,真如早晨八九点钟的太阳,让程顺和眼前一亮。程顺和兴致勃勃地向几个大学生描述了农业科研的重要意义,小麦育种的美好前景,欢迎他们加入农科所的大家庭。几番折腾,只有一个愿意留下来,这就是后来接替程顺和成为小麦室主任的张伯桥。

小伙子长得眉清目秀,儒雅脱俗,精神足,人精干;而且出身农村,不怕吃苦。问他为何选择农科所,他回答:中国是农业大国,农业科研大有可为。话语铿锵,这让程顺和大为满意。

不过令程顺和尴尬的是,张伯桥后来找对象果然成了难题。扬州城里的姑娘,一听说他是农科所的扭头就走,连坐下来谈谈的愿望都没有。

张伯桥的父母眼看儿子在扬州找不到对象，年纪又一年大似一年，只好在老家泰兴为他物色，终于找到一位营业员姑娘，便催促张伯桥赶紧回去相亲。两个年轻人见了面倒也投缘，就此确定了恋爱关系。一次，姑娘来扬州城找张伯桥，那时的扬州城并不大，有民谣见证："一条大马路，两棵白果树，三个衙门口，四个招待所，唐宋元明清，一路排到今。"所谓"大马路"，指的是贯穿东西的文昌路。姑娘在大马路上问了好多人，都不知道农科所在哪儿。最后费尽周折找到农科所，见到张伯桥，不禁埋怨道："都说你工作单位在扬州城里，就是这地方？这和乡下有什么区别，太偏僻了吧，连扬州本地人都不知道！"当时把张伯桥窘得不轻。三十多年后，天地翻覆，瘦西湖成为5A级景区，农科所周围房价翻番，窘事变成了逸事，张伯桥自己说起来也忍俊不禁。

现任小麦室主任高德荣也是程顺和当年招进所里的年轻人才。

高德荣是南京农业大学毕业的高才生，在校期间原本学的是植物生理。毕业前他到江浦农场去实习，被分在小麦课题组，实习期间被魏燮中教授看中，有意栽培，成为得意门生。此时，程顺和代号为87-158的材料进入育种后期阶段，正在到处招聘人才，魏燮中就推荐了高德荣。那时大学生毕业找工作还是双轨制，可以等分配，也可以自己找。本来学校打算分配高德荣去镇江，这时程顺和找了来，征求个人意见时，高德荣考虑到扬州离自己的老家兴化更近，加上程顺和亲自来招人，因而就答应到里下河农科所。

年轻大学生来所，程顺和如获至宝，那天特地在办公室等候高德荣报到，他要向这位新来的大学生介绍新品种的培育情况，使他尽快融入组里的工作，可是左等右等不见人影。一问办公室，才知是被拉去抗洪了。

高德荣是到农科所报到时被临时抓差拉去抗洪的。

1991年5—6月，中国华东地区遭遇了特大水灾，全国共有18个省、自治区、直辖市遭到洪水侵袭，灾害最重、损失最大的就是安徽和江苏两省，两省农作物受灾面积730多万公顷，各项直接经济损失近170亿元人民币，仅在淮河大堤上，就有200万无家可归的灾民住在临

时帐篷中。当时抗洪抢险的严峻，令许多人至今回想起来还十分后怕，扬州境内，运河上的通运闸倒塌，水往扬州城里灌，市委书记一边打着吊瓶一边指挥抢险，把汽车和船沉下去，抛下了无数沙袋，情况仍十分危急。市委书记下了命令要求全市动员，每个单位都要抽调人员去参加抗洪抢险。高德荣刚进农科所大门，背包还没放下，手续还没办，办公室看他年轻，就抓了他的差，他背包往办公楼一撂就跟着去了。

程顺和顿时担心起来，高德荣是自己好不容易挑选来的年轻人才，名字还没报，手续还没办，还不算农科所人员，假如他在抗洪中出了问题怎么办？再说自己的育种正在关键时期呀！

几天后，看到高德荣跟着科研所的抗洪人员平安归来，程顺和才松了一口气。

更让人大跌眼镜的是，高德荣根本不会游泳。这个生长于水乡的人居然不会游泳，令程顺和匪夷所思，一个不会游泳的人敢于主动参与抗洪抢险，也让程顺和对他更多了一份欣赏。

程顺和望着憨厚朴实的高德荣点点头：是棵好苗子！

高德荣也同样遇到过找对象难的问题。

有一次，有人给高德荣介绍扬州本市的一位姑娘，见面后高德荣没对上眼缘，便跟介绍人说不谈了。介绍人嘴一撇："人家还没嫌你是农村的呢，你还嫌弃人家！"

有一阵，高德荣去城里学习电脑课程，因为组里工作很忙导致时常缺课，等下次去时就很紧张，一边听新课一边要把缺的课补上。他的同桌是扬州自来水厂的，听不懂课，老是向他问这问那，弄得高德荣很烦，就跟他说："我自己还要补课呢，你不要老来问我。"那人一下子不高兴了，问高德荣："你是哪个单位的？"高德荣说："农科所的。"那人很不屑地哼了一声："有什么了不起的，就你这工作单位，恐怕连对象都找不到！"一句话怼得高德荣无言以对。

程顺和关心着组里年轻人的婚事，一有机会就向亲友推荐自己手下的弟子，其中包括高德荣，心想为他牵线却没成功。

高德荣30岁时，所里同事为他介绍了一位扬州中医院的护士，两人一见钟情，牵手成功，那时的高德荣已是名副其实的大龄青年了。

社会上对农科所的偏见,程顺和不以为然,他看好手下这帮年轻的弟子,在他心中他们都是精英人杰,年轻俊才,所以才同他们开玩笑:"你们找对象、谈恋爱,也要像良种审定一样,要看综合性状,脸蛋、身材、气质,各方面都要看……"

3

科研工作总是在探索中前进的,87-158的培育过程也曾遭遇挫折,在那一年的区试中出现变异,这让程顺和大感意外。

小区实验,各家单位送来的材料集中种植,每个1.33平方米都是一种材料,许许多多的材料在大片的麦田中各展风姿,成熟期的麦子像是在同一舞台上竞技的选手,评判的标准是统一的,高产、优质、抗性。在这些众多材料中,87-158虽然抗性很好,但株型呈鸡爪形,外观不好看。陈道元生前经常唠叨"后期看熟相,越看越好看",程顺和进一步发展,总结成了"三看"理论,其中的关键一看,就是"看熟相"。一个优质品种,从外观到品质,再到产量应该都是出类拔萃的,就像一个美女,从面容、身材到体质都应相对优秀一样。没想到87-158在小区实验中竟然出现变异,说明87-158尚不稳定。

那天,站在一片金黄的麦田间,看到长相有些惨烈的87-158品种,程顺和面色沉重。

正午的骄阳放射出灼热的白光,田野中一无遮蔽,程顺和任凭阳光照射,没有躲避,他沉默着,紧咬牙齿,默默离开试验小区,影子缩成了一团跟在他的脚下。他正在田埂上走着,忽然感到有人伸手拍了拍他的肩,唤他:"小程!"他回头一望,是刘大钧教授。多年来,刘教授一直在关注着他,支持他,帮助他,他也把刘教授作为良师益友,经常就育种中出现的实际问题向他讨教。刘大钧教授开门见山对他说:"你这个87-158可以继续做试验,这次熟相虽不好看,熟期、产量、品质、抗性尚好,我对它很有信心。"刘教授的几句话让程顺和感到心头一暖,他点点头:"老师,请您放心,我决不会放弃,正如您所说,87-158还有提升空间,我们会继续试验下去,让87-158呈现出它

最好的状态。"

程顺和对这个品种是满怀信心的,他知道,87-158的综合性能好,抗性好,品质好,并且有广泛的适应性。现在出现变异,说明其稳定性还有待加强巩固,如果在稳定性上取得突破,这个品种是有着广阔前途的,所以,决不能轻言放弃。

刘大钧教授看到程顺和拿了国家大奖后,依然不骄不躁,谦虚谨慎,甚至对自己要求更严、标准更高,听得进不同意见,很是欣慰。程顺和对老师说:"反对意见虽然不中听,却能激励你,让你看到差距,找出问题所在,科学实验就是个否定再否定的过程,不能怕遭受挫折,更不能怕失败,被拒绝、被否定,你才能提高!"

"下一步你打算怎么办?"刘教授问。

"我准备在解决87-158短板上下功夫,分析原因,强化稳定性,美化外观,提高产量,增强抗性。"程顺和答。

"好!我等你的好消息!"

程顺和坚定地点点头,心中充满力量!这力量来自土地,来自农民的期盼,来自内心。

困境,当你败给它,它就是一个陷阱甚至葬身地;当你打败它,它就是基石,将把你送往更高处。

为了87-158,程顺和拼上了,回到农科所,他立即调兵遣将,集中优势兵力破袭短板。

程顺和主持的小麦室当时有技术干部11人,承担国家、省、市各级科研攻关课题十多项,有近百亩试验田,还要指导分布在各地的良种繁育基地和科技示范园区,工作量究竟有多大呢?说来令人震惊:他们要在其中的30多亩选种圃采用人工粒播的方法,有人曾统计过,人工一粒一粒摆到播种沟内,而且必须粒距一致的育种材料大约195万粒,按品系分行,按行插木牌。他们从种到收,在这许多育种材料中反反复复逐行逐系地观察、记载,谁也说不清有多少回、多少次,只知道原来疏松的田间走道被踩平了,踏板了。有人说,他们选育出的品种不亚于从大海里捞针,硬是凭着严谨认真、顽强拼搏和团结协作精神,从浩如烟海的小麦株行间选出优良单株、优良麦穗。

关键时候，没有了节假日，大家在麦田里忙碌着，没有人请假，没有人提出休息，这一切都在自觉进行着，为了既定的目标"良种"而奉献着！

正巧有一批大学生来实习，一个星期下来，直喊吃不消。他们悄悄问指导他们实习的老师："这就是你们的工作状态？你们怎么受得了？"指导老师回答："没什么呀，都习惯了！"

刚进所的年轻人挑起了大梁。

程顺和点将高德荣，安排他专做87-158提纯复壮工作。他向高德荣强调：你在课堂上学过，小麦产量的90%~95%是来自光合作用的，因此，提高小麦产量的根本途径是提高对太阳光能的利用率。提纯复壮特别要注意典型性，做的过程中要把典型性和它的优异性结合起来，这样才能好中选优，优中选特，越选越好。

高德荣明白程顺和的一番苦心，按照老师指导，对87-158进行提纯复壮，观察、记录、杂交配组，先后选出了92-101、93-8、94-3等优系。

干育种这行，费心劳力，比真正的农民还辛苦，在田间地头一蹲就是一天，火辣辣的太阳照着，露在外面的皮肤晒得黢黑，以至于回家探亲时邻居都说认不出高德荣了，说他像是从非洲回来的！高德荣回忆时笑着说："那时程院士虽是室主任，但他身先士卒，和年轻人一起蹲田头，主任能蹲，你说我能不蹲吗？"

被点中的年轻人中还有吴荣林，程顺和安排他做87-158的抗病性试验。

吴荣林是原三麦组生产队长的儿子，因患有先天性疾病不被人看好，在他高中毕业那年父亲找到程顺和门上，请程顺和将他收到部下，跟着学小麦育种。看到勤劳朴实的生产队长，程顺和心一软，答应了，从此程顺和身边便多了一位"小助手"。

在高抗病性小麦的育种过程中，为了确定下一代是否具备抗病性，需要进行试验，专业的说法是抗性鉴定，加对照，即诱病植株。如果是在温室中，则在温室的中间摆放易发病的品种，诱发周围的植株。这好比把一个感冒病人放到一群健康人中间，检验哪些人具有抗感冒

能力。如果是在室外的田间，则可以直接往田里撒病麦粒，或者往田里喷水提高湿度，营造易发病环境，更直接的是用针管往麦株上注射病菌，而且注射不同浓度的病菌，以此对比检验抗性强弱。这种诱病手段简直就像对种子进行酷刑迫害，俗话说真金不怕火炼，只有经得起这样的考验，才能鉴定出新品种的抗性强不强，优选出抗病性强的好种子。

抗病性试验是项细活，吴荣林要将试验菌液准确无误地分别注射到2万朵小麦的颖花中，注射后隔20天、25天再查看发病情况，详细记录并作比较，从中找出抗病强的单株来。

程顺和精心施教，加上吴荣林的悟性，87-158的抗病性试验做得顺风顺水，颇有成效。

年轻人冲锋陷阵，需有老将压阵。

程顺和亲顾"茅庐"，将退休的所领导毛坤一返聘到小麦室，让她余热发挥。程顺和这样评价毛坤一，这个女同志不简单，风风火火、干脆利落，干起事情来像男同志一样，毫不逊色。

程顺和让毛坤一搞小麦鉴定圃，与杨士敏一同搞区试，一期170多个材料，进行产量鉴定，分析长势长相，大到几行，小到数棵，查穗数、记叶数，详细记录，一丝不苟。

程顺和的团队里还有陈志堂和周国芳。

陈志堂是小麦室的老人了，他上过几年小学，跟着陈道元先生干了一辈子选种。陈志堂性子比较急，农科所人都知道，有时为选种的事和人争论起来，吵着吵着就容易情绪失控。他同程顺和发生争论更是常事，但都是关于育种选种的。有一次，在办公室里，为了一个育种观点，两人又争论起来，陈志堂声音很大，非要争出个高低，一不小心把程顺和头上的帽子划到了地上，旁边的人既惊诧又尴尬，不晓得要怎么收场。只见程顺和抬头看看陈志堂，自己弯腰把帽子从地上拾起来，重新戴上。事后有人问程顺和："你怎么不发火呀？"程顺和平静地说："他工作很较真，吵也不是为他个人，是为工作上的事。所以两人吵归吵，没影响私人感情。"

周国芳也是退休后被程顺和请来的，程顺和请他做扬麦158和扬麦

5号的对比分析试验。小麦室科研经费不足,缺少分析仪器,例如光合作用效率测定仪等,程顺和就请他去扬州大学借。他说:"老程啊,你就不会买一台?"程顺和挠挠头:"我也想买呀,可这口袋……"程顺和冲他拍拍口袋,那意思是说,缺钱。周国芳就笑:"老程啊,你就抠吧!"

周国芳回忆说,程顺和这人啊,虽掌握着项目科研经费,却从不乱花公家一分钱,能省的就省!

还有顾克礼,也是程顺和请进小麦室的。

顾克礼原本在综合研究室搞栽培,对稻、麦、油都有涉及。程顺和听人说起顾克礼是栽培好手,就主动邀请他加入小麦室。顾克礼却向程顺和提出一个条件:搞小麦的同时他还要继续搞水稻,请程顺和专门辟一块地给他做实验。程顺和求才心切,居然答应了。

程顺和任命顾克礼作生产队长,负责管理和安排临时工下地干活,播种、整地、搞系谱,早出工、晚收工,不同材料不同要求不能出差错,工作非常烦琐,但完成得很好。在属于他自己的那3亩地里,水稻自然栽培研究仍在继续着。

程顺和曾找顾克礼谈话,想说服他放弃水稻,专心搞小麦栽培。但顾克礼钟情于自然水稻栽培,无论如何不愿放弃。

顾克礼说,和程顺和共事期间,他的一些观念和行事方式潜移默化影响了自己,比如在技术深化研究方面,在看准目标执着进取方面。数年后,顾克礼主持的"稻麦双免双套技术""稻麦秸秆全量自然还田套播技术"分别获得江苏省、农业部以及国家环保总局的奖励,他用自然方法培育的"克礼自然稻米"也端上了人们的餐桌。他说,这都得益于在小麦室那段时间参与小麦研究影响所致。

4

程顺和身先士卒,风雨无阻,每天都在超负荷运转。

他做事严谨,有条理、有规划,从田间布局、试验实施方案、记载观察到选育及室内考种,上千份材料都亲自过目。有时晚上回到家腰酸腿疼得不能上床，爱人陈凤琳心疼他，嗔怪道："你也50多岁的人了，不是小伙子了，要悠着点！"

程顺和笑笑："别担心，我还行。倒是你要注意休息，家里一摊子事我也顾不上，苦了你了！"

程顺和说的是实话，他的全部心思在育种上，在所里忙育种，回到家里还是思考育种，是那种在家中油瓶倒了都不知道扶的人，一切家务事常年落在爱人一人肩上。陈凤琳本来身体就弱，由于长期高度疲劳，身体更差，一次正在教室讲课时突然晕倒在讲台上。程顺和接到电话，赶到学校，见妻子面色苍白，疲惫不堪，心中十分内疚。

看到程顺和担心，妻子宽慰他："我没事，老毛病了，休息一下就好。倒是你要注意，整天东奔西跑，千万要注意安全。"

陈凤琳担心的事还真的发生了！

1991年4月3日，程顺和到省里去参加农作物品种审定会，途中遇车祸，车上人全部受伤，他是伤势最重的一个，下腭、脸部撕裂开大口子，耳朵几乎掉下来，腰腿全伤，就地手术，当天夜里转送苏北人民医院，经查发现伤口里仍存有玻璃碴子，又全部拆开重新清洗缝合，手术动了几个小时。待他清醒过来，首先想到的是正在进行的育种试验，田间观察正处于关键时期，一旦中断观察，自己将无法形成正确的概念，影响一年的试验结果。他交代来看望他的试验人员，一刻都不能松懈。就这样还不放心，伤口刚拆线，就瞒着医生，让助手用三轮车将自己从病房里拉到小麦试验田中，亲眼看到才放心。在田头，工人们看到躺在三轮车上的程顺和，十分不理解。什么，这老头是从病房里偷跑出来的？就为了来田头看一看？

程顺和运筹帷幄，率领团队斩关夺隘，终于奏响凯歌。

在他的精心组织下，87-158育种取得突破性进展，再次参加品比实验，因其病害较其他品种轻，熟相好，植株稍矮可抗倒伏，品质、产量都有所提高，最终全票通过了省级审定。

"158"通过审定后，问题来了，该如何为这个品种定名。

扬麦系列，从20世纪60年代的1号开始，往后都是按数字序列来定名的，一路下来有扬麦2号、扬麦3号、扬麦4号、扬麦5号，1991

年，扬麦6号也通过了审定和定名，原本接下来应该是扬麦7号，但这个7号却不幸夭折了。

程顺和打算命名为扬麦7号的品种，代号为85-85，在省区域试验中85-85产量最高，但是那年气候潮湿多雨，小麦出现白粉病迹象。评审委员会的人说："你们每年都出品种，今年这个就不给了。"于是这个85-85就没通过审定，被淘汰了。85-85虽然没通过审定，但却得到了农民的认可，他们主动来跟程顺和要种子去种，栽培面积达到80万亩。对这个夭折的"7号"，程顺和始终觉得遗憾，他舍不得，所以当委员会要把158定名为7号时，他坚决不同意。当初158刚育成时，所里打算在命名时叫扬麦8号，但委员会又不同意，双方僵持不下，拖了近一年。期间，158在市场大受好评，供不应求，但没有确切的品种名称，市场推广总是不便。程顺和这回真火了，他对委员会的人说："谁养的孩子谁取名，这话是你们省种子站说的，现在怎么不按照说的来呢？"经过协商，最后既不叫扬麦7号，也不叫扬麦8号，而是定名为扬麦158，因为当年育种时，它是在1987年鉴定圃编号第158号地块上培育出来的。很多不知情的人以为158是追随潮流图吉利，158，"要我发"。事实上，158本是它的乳名。

1993年这一年对程顺和团队来说颇具意义。首先是扬麦158在多省、市通过审定；其次是代号93-111，即后来的扬麦10号也"扬家有女初长成"；还有就是程顺和晋升为研究员，可谓喜事连连。也就是在这一年，农科所一刀切，所有科室自收自支，所里不再下拨经费，再说所里也没钱可给。"穷则变，变则通，通则久"，正是这一刀切，切出了20世纪90年代小麦室的腾飞。

所谓"种瓜得瓜，种豆得豆"，种子是农业生产的关键要素，所有的农民都希望得到品质优良的种子。在20世纪80年代，小麦室只能小打小敲，摆摊出售一点种子。扬麦5号虽在长江流域大面积播种，但那时还是计划经济转型时期，并未给小麦室创造应有的效益。到扬麦158问世，市场已与过去有了巨大变化，程顺和预感，扬麦158能够为小麦室的科研发展提供巨大助推。

扬麦158出来的时候，程顺和决定一颗种子也不外流。几个种场的人慕名而来，直接把车子开到农科所，问程顺和要种子。程顺和说，没有。那些人不甘心："只要一把，一把总有的吧。"程顺和还是说一把也没有。最后说："那只要几颗"。仍然被程顺和回绝了。那些人怅然而去。有人问程顺和："为什么不给种子场种子？"程顺和说："现在市场经济了，我们要自己繁殖种子，这样才能保证种子质量。"这情景倒与魏晋时期王戎的卖李钻核有几分相似，王戎家中有李树，结的果特别好吃，王戎怕别人得到种子，每次都把李子里的核钻掉之后才拿到市场上去卖。想那王戎乃是后世标榜的"竹林七贤"之一，竟也如此有品种保护意识。

没几天，仪征种子公司的朱经理也来农科所找程顺和，程顺和躲着他，连试验田和办公室都不去，可人家不达目的不罢休，硬是闯到程顺和家里去了，这下躲也躲不掉，只好坐下来谈。朱经理也是厉害人，晓得农科所田地有限，无法大量繁育种子，于是提出合作。程顺和提出必须封闭繁殖，因为种子很少，就少种一些，超稀扩繁，种稀一点，空间大，分蘖多，产量也会相应提高。空间感对植物和人的影响一样，人住大房子觉得舒展舒畅，植物也是，空间大了，它相对获得的资源也多。

种子繁育出来后，因品质保证，成了市场的香饽饽，10块钱一斤也有人要。那几年，扬麦158种子源源不断流向市场，小麦室也财源滚滚，那一时期由程顺和指导，杨士敏、季开桢、张伯桥等负责种子经营，每年利润有几十万，在20世纪90年代那是相当可观了。1995年初，小麦室人均发放奖金3000元，大家好好过了个肥年，这令其他科室的人十分艳羡。

扬麦158真的成了程顺和团队的"要我发"！因其综合性状突出，抗赤霉病，产量高，适应性广，品质好，审定后第一年种植面积50万亩，第二年就达500万亩，其推广速度前所未有。

1995年，扬麦158被国家科学技术委员会列为国家级科技成果"重中之重推广项目"，扬麦158表现优异，大名鼎鼎，后来程顺和去科技部，人家都不叫他的名字，看见他就说"158来了！"

1998年，扬麦158通过了国家农作物品种审定；那一年，扬麦158

获得了国家科学技术进步奖一等奖。国家科委评价:"扬麦158的育成是我国科技界继'中国04机'之后为经济建设服务取得的又一重大成果"。扬麦158的育成取得了南方小麦育种的重大突破,初步解决了世界小麦既大面积丰产又抗赤霉病的难题。刘大钧说:"培育丰产抗赤霉病的品种是一个世界性的难题",吴兆苏评价扬麦158是"抗赤育种最成功的范例"。

  扬麦158的年种植面积达到了2560万亩,成为我国20世纪末种植面积最大的小麦品种。一般来说,黄淮片区的小麦占第一位,长江中下游小麦排名第二,但是扬麦158做到了第一,南方小麦前所未有地领先于北方小麦,这确实非同寻常,要知道南方不像北方那样地域辽阔,南方的麦田都是一小块一小块的,不像北方的条田面积广大。扬麦158的育成与推广促成了长江下游小麦品种第五次大面积更换,累计种植面积1.6亿亩以上,增产粮食56.3亿千克,为"中国人的饭碗任何时候都要牢牢端在自己的手上"作出了重要贡献。直到进入21世纪,还有一些地方仍在种植扬麦158,这在粮食界是极为罕见的现象。

第十二章 光环的背后

1

1998年前后，瘦西湖畔突然热闹起来，各路媒体齐集古城扬州，文字记者手持录音、笔记本，摄影记者带着"长枪短炮"，甚至惊动了中央电视台，录像机肩扛手提，镁光灯不停闪烁，里下河农科所小麦室的门槛都要被踏平了……

记者们都是奔着程顺和而来，一时间程顺和成了一颗耀眼的明星，被媒体誉为"南方麦王"。

厚积薄发，此话不假。

20世纪90年代是程顺和与小麦室的丰收季，拿奖拿到手软。

前面说到，1990年，扬麦5号获农业部科学技术进步奖一等奖，1991年获国家科学技术进步奖一等奖；1997年，扬麦158获农业部科学技术进步奖一等奖，1998年获国家科学技术进步奖一等奖……

10年间，扬麦5号和扬麦158双获国家大奖，这在全国育种界是少见的，尤其是一个地区性科研所。

由于扬麦5号和扬麦158的成功，程顺和个人也连获殊荣：1992年，国家人事部授予他国家有突出贡献中青年专家证书，享受国务院政府特殊津贴；1994年获王丹萍科学奖；1995年获首届中华农业科教基金奖；1996年获"何梁何利科技进步奖"，并被评为国家"八五"科技攻关先进个人；1997年被江苏省政府记一等功，被列为江苏省"333"跨世纪学术技术带头人培养工程培养对象……

央视的美女记者手持录音话筒，对着程顺和发问："请问程教授，请您说说荣获国家大奖后的感想。"

程顺和不是那种喜形于色的人，他面色平静，语调平缓，对着镜头说："获奖当然高兴，说明你的工作得到了政府和国家的承认，科研工作离开了党和政府的支持很难成功。但获奖不是目的，得到老百姓的认可才是目的，老百姓愿意买你的种子，争先恐后买你的种子，认为你的种子好,种了后产量高、品质好、成本低,促进了粮食生产,促进了国家农业发展,人民生活质量得以提高,这才是目的。我们搞育种的,奖章是挂在麦田里的。"

此时,经过几年试种推广,扬麦158已得到麦农的认可,成为长江中下游一带更新换代的品种,麦熟季节,麦浪翻滚,扬麦飘香,满眼金黄,一片丰收景象,麦农手捧金灿灿的麦穗,脸上皱纹舒展,笑逐颜开,满脸幸福模样。《东方之子》栏目编导不由自主地脱口而出:"程顺和不愧是'南方麦王'!"其他媒体的文字记者一听,这称呼响亮,也纷纷跟进,将陈道元称为"扬麦之父",将程顺和称为"南方麦王"。

对"南方麦王"这一称呼,程顺和听后只是哈哈一笑,他说:得农业部的奖容易些,得国家奖很难。记者这么写,是为了形象点吧。其实对育种人来说,什么王不王的,搞科研不是走江湖,需要踏踏实实地付出,来不得半点虚妄。

1985年进所的张伯桥作为学生和晚辈,对程顺和充满崇敬,他说,称呼程老师为"南方麦王",那是媒体记者写在文章上的,在同行和自家人之间,没人这么叫。平常称呼陈道元为"陈技师",称呼程顺和为"程老师",程顺和获得院士之后所里人便称他为程院士。

张伯桥是实在人,他说:获奖后,媒体都来了,对程老师是一片赞扬之声。其实,外界看到的是他外表光鲜的一面,成功后的辉煌,而我们这些他身边的人,和他整天在一起摸爬滚打,却目睹了他背后的辛劳付出、他的奉献、他的牺牲……

2

张伯桥回忆:那时的三麦组,不仅搞育种,也搞栽培。条件艰苦,设备简陋。因而,育种工作不是在实验室,更多的是在田间完成。

张伯桥进所的时间是秋天,一来就跟着程顺和参加秋季播种。为抢农时,程顺和带着科研人员与工人们一起干,大家早出晚归。播种操作虽然简单,要求却很高,人工粒播,一行40多粒种子,一寸一粒,必须分布均匀。播种是半蹲,七八十亩试验田,一蹲好几天,蹲不住了就双膝跪在地上，十分辛苦。

一次田头休息，张伯桥问程顺和："程老师，就没有机器播种吗？"程顺和答："国外有，每台播种机100多万元，你看咱所能买得起？咱们要向大庆人学习，有条件要上，没条件也要上，虽然人工播种累些，但便于更好地观察。"

到了来年夏季，小麦成熟期，程顺和又带着大家下地选种了。选种也是个辛苦活，田里材料数以万计，各地300多亩试验田，十几个鉴定点，一天到晚站在麦田里，要连续半个多月。就是壮小伙也有些受不了，说声歇歇的时候，扑通地一声屁股就往田头上坐，哪管是土是泥。农历五月日晒强烈，选种时特别累眼睛，长时间凝视着麦穗观察对比，眼睛很吃力，为了观察得更细致，有时还需要把麦穗衬在本子上反复察看，白纸会反光，对眼睛的刺激很大，后来就选用了带颜色的纸以减少反光。

冬春两季，田里事情减少，程顺和依然是往地里跑。天蒙蒙亮时，田里露水重，程顺和跑完步后在身上围一块隔露水的塑料布就下田去了。身教大于言传，张伯桥把这一切看在眼里，也把下田实践的重要性记在心中。

在扬麦5号审定前期，一大早程顺和就骑着他那辆破旧的自行车，吱吱呀呀地来到试验田观察，他7点前就下地，当大家来上班时，他才回工作室吃早饭，然后办公，处理日常的工作和讨论。中午11—12点，别人走了，他又去田间观察，中午常常不休息，有时连饭也忘了吃，下午接着干。傍晚时分别人下班了，他再去田间，一直观察到天黑，然后到工作室里继续做记录、分析工作。加班加点对程顺和来说已习以为常，如果哪一天别人看不见他的工作室窗口亮着灯，反倒成了稀罕事。不仅如此，就连星期天他也放弃休息。他这样做，保证了在下田的时间段内无人打扰，可专心致志选种，同时又不耽误日常办公事务的处理。

有些人对他这种反常的时间安排不理解，而程顺和却自有打算，乐在其中。作为三麦组负责人，下级请示、参观接待、外出开会，事情都很琐碎，他只有采用这种方法，才可以保证每天能挤出三段时间用于育种。特别中午那两三个小时，是他最看重的时间，午饭后无人打扰，可以集中思考。选种，外观上选美选优；标准上测算穗数、粒数、千粒重，以及抗病性等；用途方面，检验筋力、色泽、出粉率等。程顺和常说一句话："要读懂小麦的语言。"一切活的、有生命的物质都有其独特的表达方式，通过声音、色彩、形状、气味等反映其本质，要选择它，就必须细致地观察、倾听、互动，以培养和建立了解。一年又一年，田间的风吹、蜂鸣、蝶舞，是无乐谱的田园交响，伴着麦香与花香，伴着满目青绿与金黄，程顺和沉醉其间，寻找那无数次出现于脑海的形象，那追寻的目标，那丰硕的结实……

程顺和的言传身教，对张伯桥影响至深，数年后，张伯桥接替程顺和做小麦室主任一职，行事风格带着程顺和式的明显烙印，当然这是后话。

3

程顺和是真正地以所为家，在他的概念中，无所谓节假日和星期天。有时休息日突然来了新想法，也会召集大家开会，因慑于他的威望和威信，年轻人不敢当面提意见，但有一个人全无顾忌，心直口快，那就是"毛快"毛坤一。一个端午节的前日，因快接近农忙，程顺和召集小麦室全体人员开大会，从上午开到下午，仍没结束的意思。有人私下低语：完蛋了，今天回不了家了。扬州有节日前夜小夫妻或情侣走亲戚送节礼的习俗，好些年轻人说好了晚上要回家的，碰到这种情况不免心内犯嘀咕，但他们不敢向程顺和提意见，就私下向毛坤一嘀咕。毛坤一听到了，就提醒程顺和，话说得不客气："老程，这会要开到什么时候？明天是端午节，你家里没事，年轻人家里也没事吗？"程顺和很意外，望望毛坤一，又看了看手表，猛然一拍脑袋："哎呀，我都忘了时间，明天过节，今天大家早点回家吧。"

年轻人一阵风似走光了，办公室剩下毛坤一和程顺和。毛坤一望望程顺和："你还不早点回家呀？"程顺和忙点头："你先回，你先回，我一会儿就走。"毛坤一了解程顺和的脾性，他说一会儿就走，这一会儿指不定是多久，不由得摇摇头："你这人啊！"

陆成彬是1997年进入小麦室的，说起老师程顺和对育种事业的热爱与执着，也不由自主地称赞。

回忆起扬麦158准备报奖材料时的情景，陆成彬记忆犹新：

20世纪90年代末，小麦室的科研条件已经大大改善，同过去报奖材料纯粹靠手工书写誊抄时已经大不相同，添置了电脑、打印机等现代化、信息化办公设备，效率比以往提高了许多，但程序却一个不少。程顺和力求精确完美，撰写、审阅、查证、修改、图文配合，不断地开会、讨论，反复斟酌、修改，经常加班到深夜。有时为一个数据、一个素材，过了午夜12点，程顺和还让他打电话到北京找人问。陆成彬属虎的，性格耿直，说："都这么晚了人家不休息吗？"程顺和说："搞科研的哪有那么早休息的？你快点打！"陆成彬被逼得没有办法，只能硬着头皮把电话打过去，人家接了，也不敢问对方休没休息，赶紧问事情。回头，程顺和还对陆成彬说："该做的事就赶紧去做，不要考虑什么时间呀和休息不休息的小事。"陆成彬心里嘀咕：这是小事吗，半夜里打电话不把人家吓着哇！

正值冬季，气候寒冷，半夜过后，室内温度下降，陆成彬穿着棉衣还觉冷，看看一旁的程老师却依然精神抖擞。

此时报奖的申报手续也与从前有所不同，规定要求更为细致，那时没有互联网，材料要派人送到北京审查，听取意见后拿回来再修改，一个月内程顺和就派陆成彬往北京跑了4趟。

程顺和对陆成彬很欣赏，希望他能留在小麦室，便主动当红娘给他介绍对象。"小陆，你的个人问题应该考虑考虑了，我看金土地搞蔬菜育种的那个姑娘不错，人漂亮，又能干，你抽空同人家见个面聊聊啊。"陆成彬答应了，可报奖那个月忙得愣是没抽出时间去跟姑娘约会。

回忆当年往事，程顺和也说："那时候大家工作热情都很高，陪着我工作到大半夜。有的时候我让他们走，他们都不走。"他这话可能是真说，但人家不敢真听，哪有大王巡山小喽啰回家睡觉的道理呢？你室主任都没有走，年轻人好意思走吗？

不仅年轻人跟着忙活，几位返聘的老同志有时也跟着加班熬夜。

有一天夜里,周国芳同程顺和一起加班,忙到凌晨1点多钟才收摊,两人结伴骑自行车回家。途中经过瘦西湖二十四桥附近,出事了。那个地方比较荒僻,有一片黑森森的树林,杂草灌木丛中只有一条小路,人们戏称为野猪林。他们两人正骑行在小路上,忽然从后面冲过来一辆摩托车,一下子撞过来,首先把骑在后面的周国芳撞翻了,连人带车摔倒在地,腿磕到自行车上,一阵钻心的疼感让他不禁大叫一声。程顺和在前面听到周国芳的叫声,心知不妙,然而这时摩托车已经冲到他身后,一股冲力把他也给撞翻了,幸亏他天天锻炼身体反应快,在倒下的一刹那伸手抓住了骑摩托的人。三人相对,他们才发现那是个喝醉了酒的年轻人。周国芳撩起裤腿,摸向左腿迎面骨的痛处,手上黏答答的,流血了,气不打一处来,对着醉酒的年轻人叫道:"太不像话了,你把我人撞伤,车也撞坏了,你要赔!"年轻人摇摇晃晃站不稳,嘴里嘟嘟囔囔。程顺和拦住发火的周国芳,平静地对那个年轻人说:"算了,也不要你赔我们,但你不能这样喝酒呀,喝醉了还骑摩托车,很危险的。"程顺和喋喋不休地教育那年轻人,周国芳在一旁忍不住,就说他:"哎呀,都几点了你还在这里教育醉鬼,赶紧回家吧,累死了,疼死了。"

程顺和这才打住,赶紧问周国芳撞得要紧不要紧。

4

正当程顺和为育种忙得热火朝天时,家中却出了大事。

母亲魏育真病了。母亲这次病得不轻,走路都不稳当,外出要坐轮椅。在程顺和心中,母亲是他行动的楷模,母亲用自立的形象、坚韧的品格和对事业的热爱,教育和影响着程顺和。在母亲晚年,程顺和想尽一尽孝心,便将母亲从溧阳接过来同住。母亲欢欢喜喜地来了,原以为能与儿子朝夕相伴,没想到儿子一天到晚忙得团团转,不要说白天,就是晚上想等他下班回家一道吃个饭、聊个天都成了奢望。陈凤琳敬重婆婆善良、能干,与婆婆的关系相处得很好,也尽其孝心侍奉老人,可是儿媳毕竟代替不了儿子。加上母亲不通扬州方言,习惯

说溧阳话，与人交流不便，还是会时常感到寂寞。她不止一次对程顺和说，想回溧阳老家去。程顺和忙得没时间，总是说："妈，等一等，忙过这阵我就陪你回去。"可是等了又等，总是闲不下来。没想到母亲病了，程顺和很自责，下定决心无论再忙也要抽出时间多陪陪母亲。

烟花三月，程顺和抽个星期天用轮椅推着母亲去瘦西湖散心，母子在湖岸且行且止，看桃红柳绿，迎微风轻拂，风中的母亲发白如雪。走过一阵，程顺和挑了个风景好又背风的地方歇脚，将水杯递与母亲，边看风景边聊个三言两语。湖面如绸缎微微抖动，像一块大幕，映着蓝天流云，美丽的白塔与五亭桥的红柱一如往昔，湖中添了许多豪华龙船，四外更多了粉饰一新的亭台，风景如画。阳光微醺，短暂的沉默中，母亲坐在轮椅上打起了瞌睡。程顺和凝视母亲布满皱纹的脸，好像一本纸页发黄的老书，那书里有他黑暗中光着屁股跑出门去寻找妈妈的身影，有母亲偷偷吃野菜而把唯一的一把米留给他吃的记忆，更有母亲胸戴红花参加群英会的光彩……光阴啊，一如流水，如今他也年近花甲了，母亲又怎会不老呢？

真是光阴易逝，怎么不知不觉就老了呢？他在心里嘀咕，平日里也没觉得呀？

母亲的病越来越重，到后来，轮椅坐不住，瘦西湖也去不成了，躺在床上的母亲还想着回溧阳，可是这样的身体又如何承受路途颠簸。程顺和心一酸，怕母亲一回，难以再见，回答还是那句老话：妈，等一等，等你身体好一点，等我忙完这阵子，就陪你回去。但是83岁的老母亲等不及了，人若真老起来，速度如麦子成熟一样快，稍不注意，麦壳已空，麦粒已悄然回归大地。留下的是儿子心中深深的难过与自责。

家庭与事业，程顺和何曾不想一碗水端平，但一忙起来总是麦子麦子，把家丢得一干二净。夫人陈凤琳长期体弱多病，早年两人在泰兴良种场时，程顺和还懂得怜香惜玉，家里的重活累活抢着干。可结婚以后，尤其是进入小麦室后，他就一心扑在育种上，完全没有精力顾及家庭和家人了。不但没时间照顾别人，就连自己他也没时间照顾。陈凤琳却事事都以程顺和为重，自己从教育学院退休后，怕他早上带饭不方便、不新鲜，日中常常自己把饭送去田头。程顺和在田里忙活，话也顾不得同她多说,她便默默回来,下午再去收饭盒,却常常发现,那盒饭动也没动。有一餐,没一餐,程顺和的胃病就是这样落下的。

那时,程顺和已出现胃出血症状。南京的二姐夫那时刚刚诊断出肝癌晚期,听说这个情况,打电话给程顺和:"你要接受我的教训呢,你不能再这样每天工作十几个小时了!身体是自己的,健康是1,其他的都是0。"姨侄也劝他:"功成名就要见好就收,到南京来好好检查一下身体,老年人不应生活节奏过快、工作压力过重,这些都是得冠心病和恶性肿瘤的重要原因。"周围的人都劝他不要掉以轻心,他听了,却没听进去。他说:"一天不进实验室,一天不下试验田,就心神不宁,觉都睡不好。"

5

2017年仲秋时节,为探寻程顺和的科研之路,我和青年作家安然走进了里下河农科所。

可是我们来晚了些,那年4月间,程顺和因双肺移植手术,住进了无锡的医院,正在同病魔做着顽强的斗争。

在农科所办公大楼三楼他那间院士的办公室里我们看到了如下情景:

写字台上堆叠着各种文件表格、工作简报与典籍资料,墙上有投影设备、柜中是麦种材料,门类繁多却又归纳齐整,茶几上堆满了育种用的各式坛坛罐罐……

这不像是办公室,更像是一个科研场所。

他的助手刘大同告诉我们,程顺和在住院之前还每天从家中准时来到这儿办公……

程顺和住院手术,病房隔离,无法接受采访,我们决定从他熟悉的老同事、老朋友、学生、亲属入手,来探寻程顺和走过的道路,探寻他成功的密码。

扬州老城弥漫着厚重的历史气息。

这天,我们穿过一条曲折狭窄的深巷,走进了程顺和老同事周国芳的家。

这是一座前后两进的老式院落，院中花木扶疏，幽静典雅，古色古香的老式木制隔扇门窗，给人一种穿越历史的感觉。室内陈设稍显凌乱，正是寻常人家过日子的样子，电视里传出悦耳的琵琶声，桌上醒目摆放着几十瓶颜色悦目的果酒，老屋中洋溢着温馨闲适的气息。这环境与我们刚刚造访过的程顺和院士的办公室迥然不同，弥漫着人间烟火气。

我们在心中不由拿程顺和与周国芳做起了对比，这两位老同学、老同事的晚年生活是截然不同的两种方式。

一个是仍在满负荷的工作状态，一个却是享受着闲适的生活。很难说孰优孰劣，只是追求的目标不同而已。

毕竟是少年同学、壮年同事，谈起程顺和，周国芳言语间流露着赞许和钦佩：

现在外面的人们更多地看到的是程顺和头上的光环，可作为老同事，我看到更多的是他背后的付出和艰辛。诸葛亮说过，鞠躬尽瘁，死而后已，他老程为了育种也可以说是鞠躬尽瘁，积劳成疾呀！

周国芳陷入了深深的回忆之中。

育种不是造原子弹，看起来相对简单，但坚持下来就是不简单。不是有那么一句话嘛，把简单的事重复做好就是不简单。程顺和可以说他把自己的一生都交给了钟爱的小麦育种事业，当年我们一起到扬州来的不止他一个，比他聪明的有，可单单他最后做成功了。我有时候就在想，为什么他能成功？最后总结出一条，就是他对小麦育种的痴迷，坚持初心，持之以恒。现在想来，成功并不是别人走你也走，而是在于别人停下来的时候，你仍然在走。小学课本上有个龟兔赛跑的故事，说的就是这个道理。

说到这儿，周国芳轻轻摇摇头：

当年我也是雄心壮志，要在专业上干出一番事业的，可是内心不够坚定，欲望太多，早年因频繁调岗而四处流动，以至没能固定在一个地方持续深入地进行育种研究，而到农科所后又因患乙肝病了十几年，无法正常工作，因而始终没有大的成就。

言说及此,周国芳不禁连连感叹起来。

他拿自己和程顺和相比,说程顺和最大的优点就是,不仅有恒心,而且善于学习。对新事物充满好奇,一有什么新技术、新观念出现,马上就拿来学,不懂的就向人请教,活到老学到老,活学活用,始终超前。

周国芳举例说,譬如他50多岁了还学英语,69岁还学开汽车……

后来见到程顺和时问起此事,他说:大学里我学的是俄语,改革开放了,需要同世界接轨,就要懂英语,我学英语有个窍门,就是在口袋里装小卡片,一有空闲就掏出一个小纸片读,这样就把空闲时间放大了,学英语成了另外一种放松,轻轻松松学英语,见效快。别说,我的英语还真有了些成就。出国一般的会话也能应付。

周国芳说程顺和会用人,不仅是大胆启用年轻人,还不忘发挥退休人员的作用,自己就是被返聘发挥余热的。

程顺和说,一个好汉三个帮,单打独斗成不了英雄,特别是搞科研,更需要团队的配合。程顺和不仅对自己的团队毫无保留地传授经验、分享资料,对其他省份前来请教的育种人员也无私指教。他常说"能帮助更多的人通过育种研究为粮食安全作贡献,何乐而不为呢?"

周国芳还赞许地说,程顺和平常生活俭朴,不喝酒不抽烟,不注重仪表和娱乐,除了跑步外,别无他好,所有时间都花在琢磨小麦育种上了。育种已经和他的生命融为一体,成为他生活的全部内容和毕生的追求。他把所有时间都留给了小麦育种!

"把所有时间都留给了小麦育种!"或许这是对程顺和成功的最好诠释。

程顺和自己评价说:我并不比别人聪明,只是比别人多了一份热爱,多了一份痴情,多了一份坚持!多了一份梦想!

第十三章 两件大事

1

1999年,程顺和年届60岁,到了即将退休的年龄。此时,程顺和正在主持国家"863计划""小麦抗赤霉病生物技术育种"、国家重点科技攻关项目"高产稳产优质小麦新品种选育"、江苏省重大攻关课题"淮南小麦新品种选育"等多项重要工作。

事务繁多而时间有限,程顺和感到了时间的紧迫,经过再三思考,他决定把主要精力用于两件大事:一是培育一支优秀的科研团队;二是建立集现代先进技术的高效育种体系。这两件大事做好了,小麦品种的选育和改良才能走得好、走得远,即使有一天他程顺和离开了小麦室,科研工作也能持续良好地运行下去。

21世纪什么最宝贵?是人才。培育一支优秀的科研团队需要人才。

程顺和一直有种担心,怕小麦室的科研后劲不足,为了培养科研梯队,特别重视对年轻人的培养。从1995年起,程顺和就一心想为小麦室吸纳研究生。为此,小麦室与三所重点农业高校挂钩,为引进研究生作多方努力。他还利用开会与出差机会,让所里年轻人与全国农业各著名单位、著名学者相互熟悉,取得联系,以利育种工作的深入开展。然而,事情进行得并不顺利,确实,对那些硕士博士来说,一个地区农科所的研究室,吸引力实在不够。迫于无奈,程顺和决定自己培养,他是扬州大学兼职博导,招几个学生进行定向培养还是可行的。

但是张勇和陆成彬两个人想报考他的研究生,来同他商量时,程顺和却没有立即答应。

身边人想考研深造要求上进是好事,程顺和为什么不赞成呢?他有顾虑。那时候,小麦室除了他,只有7个人,年轻人少,眼前正忙得不可开交,一人当作几人用,如果这些年轻人都去学习了,工作谁来做呢?还有,如果他们考完研究生后跳槽了,小麦室人才青黄不接怎么办?因此,程顺和没有轻易答应,他要考验一下他们对小麦育种是不是真的热爱。两个小伙子都以为没希望了，这时，程顺和却给他们提了一个要求：考我的研究生可以，不能完全脱产，必须一边工作一边学习。当时已是11月，离考试也没多少日子了。张勇有些犹豫，陆成彬说，书都买来了，管他呢，怎么也要试一试。于是两人废寝忘食，边工作边学习。天道酬勤，后来两个人都通过了考试，程顺和对两位昔日下属、未来学生感叹道：不容易啊，看来你们是真的热爱这行！这感叹中包含着赞许，也包含着期望。

在自己培养研究生过程中，程顺和给予弟子们很强的指导性和针对性，尤其是做毕业论文时，结合他们各自的科研内容和小麦室今后科研领域的开拓，指导专题研究。程顺和根据陆成彬种子经营的具体工作，指导他做"长江中下游到底适合种什么？"的研究。那时国家对小麦品质要求有所提高，这个课题的研究正逢其时。而要完成这个课题，就小麦室当时的条件还无法做到最好，相关设备仪器短缺，程顺和为其创造条件，与中国农业科学院合作，在长江中下游的6省1市布了20多个点，同一品种在不同区域、不同品种在同一区域试验，综合各种情况收集材料，然后去北京做品质分析。陆成彬在北京一住数月，做试验要排队，打印资料要排队，不得不经常加班加点，人很辛苦，但忙得充实，忙得有盼头。

张勇的硕士论文是关于赤霉病抗性育种。小麦赤霉病是由禾谷镰刀菌引起的世界性病害，我国小麦赤霉病主要发生在南方，长江中下游麦区、华南冬麦区以及东北春麦区的东部发病较重，几乎每4年重发1次，一般年份减产10%~15%，重发年份减产20%~40%，华南地区例如福建省，因为赤霉病太过严重，已经不再种植小麦。目前，小麦赤霉病不仅发生在长江中下游麦区，黄淮麦区赤霉病的发生也日益加重，形势十分严峻。

早在1991年，程顺和即与江苏省农业科学院遗传所陆维忠协作，参加了国家"863计划"小麦抗赤霉病生物技术育种课题。1997年张勇刚进研究室，程顺和问他想做什么？张勇说想搞科研。程顺和就指导他做试验，一种小麦的近缘植物叫马卡小麦，有很强的耐湿能力，在潮湿的土壤中也能长得很好。程顺和让张勇把马卡小麦种在花盆中，

仔细观察。那次试验的结果并不理想，但科研并未因此停滞不前。从20世纪90年代开始，小麦室在每年4月会到福建（南平农科所）武夷山建阳县去搞抗性鉴定。福建4月的气候多雨潮湿，温度在20多摄氏度，非常适宜赤霉真菌生长。去之前先选种，一般带3种材料过去，在当地观察有无发病情况，一旦发现有缺点的就淘汰掉，选择表现好的继续繁育。本地的温室加代与南繁加代相配合，可以做到两年三代或四代，品种选育过程可缩短不少。扬麦系列对赤霉病有中抗能力，就是通过抗病性筛选的结果。2000年，第一届国际赤霉病会议在苏州召开，程顺和在会上介绍了有关扬麦158中抗赤霉病育种的经验。后来出国访问时，又把这一经验介绍到了国外，受到外国同行的称赞。2001年，程顺和与陆维忠、王裕中合著的《小麦赤霉病研究》由科学出版社出版。程顺和让张勇接触小麦赤霉病的课题，就是希望这一研究后继有人。

程顺和对张勇与陆成彬爱护有加，在他精心指导下，两人高质量地完成了硕士论文，并顺利通过答辩，取得硕士学位。

2

程顺和的退休日程进入倒计时，他心中的紧迫感越来越浓。

"及时当勉励，岁月不待人"。小麦室主任这副担子必须有人接过去继续往下做。而要担起这副担子，这个人必须各方面素质良好才行。究竟谁能担负起科学研究、开发创收、组织管理三条线和"内务外交"的繁杂事务呢？程顺和私下观察、分析、比较着……在选择谁做接班人这个问题上，他的"综合性状协调点"再次发挥了作用。

渐渐地，一个人选在他头脑中越来越清晰——张伯桥，江苏省十大杰出青年，省科技标兵。当时小麦室的几个年轻人中，张伯桥进入小麦室最早，对小麦室的情况也最为熟悉，他虽然个性较为内向，但做事认真，善于学习，有涵养，考虑问题、处理事情都较全面，是那种看第一眼不突出但相处久了就能感觉出优点突出的人。程顺和向所里打报告，推荐张伯桥担任小麦室副主任，未来的接班人。

其实，在此之前，程顺和就有意给张伯桥身上压担子了。

1994年冬，江苏省农业科学院遗传研究所所长陆维忠邀请程顺和一道，赴加拿大圭尔夫大学（GUELPH）和位于墨西哥的国际玉米小麦改良中心（CIMMYT），就小麦育种和生物技术进行考察交流，程顺和就安排张伯桥在他出国期间代为主持工作。

出国前，为了便于交流，程顺和在扬州市科委英语学习班学习了英语。他大学时代学的是俄语，如今五十多岁学习英语确有难度，临阵磨枪，别人以为他就是做做样子而已，没想到他是下了真功夫，上课听老师讲，课后听录音。短短数月，他不但完成了培训课程内容，而且口语也有长足进步，这让培训的英语老师很吃惊，以为他先前有英语底子，实际上先前他并没基础。

加拿大圭尔夫大学是一流的综合性学府，创建于1874年，在那里，吸引程顺和的不是漂亮的哥特式建筑与典雅美丽的风景，而是云集的学者和活跃的科研气氛。他匆匆考察了人类生物学和营养科学，分子生物学和遗传学，自然与工程科学院以及生物化学等院系，虽是走马观花，却也大开眼界。

CIMMYT是一个非营利的国际农业研究和培训机构，成立于1966年，总部设在墨西哥的埃尔·巴丹（EI Batan），宗旨是在保护自然资源的基础上，通过提高玉米和小麦种植制度的利润率、生产力和持续性来消除贫困，保障发展中国家贫困地区的粮食安全。CIMMYT不仅是绿色革命的发源地，而且是小麦良种和育种人才的摇篮。

20世纪中期，为解决世界上部分地区贫困人口的饥饿问题，一些发达国家和墨西哥、菲律宾、印度、巴基斯坦等许多发展中国家，开展利用"矮化基因"，培育和推广矮秆、耐肥、抗倒伏的高产水稻、小麦、玉米等新品种为主要内容的生产技术活动，为解决发展中国家的粮食问题起到积极作用。这场改革活动对世界农业生产所产生的深远影响，犹如18世纪蒸汽机在欧洲所引起的产业革命一样，故而被称为"第一次绿色革命"。其中以诺贝尔和平奖获得者N.E.勃劳格为首的小麦育种家，利用具有日本"农林10号"矮化基因的品系，与抗锈病的墨西哥小麦进行杂交，育成了30多个矮秆、半矮秆品种，其中有些品种的株高只有40~50厘米，同时具有抗倒伏、抗锈病、高产的突出优点。

墨西哥与加拿大之行，程顺和与世界同行近距离接触，开阔了视野，增长了见识，晓得人家是怎么搞科研，怎么搞管理的，内心受到震动。了解到国内外存在的巨大差距，这也更增强了他追赶的紧迫感，在国外，他不放弃任何一个和外国专家交流的机会，像海绵一样吸收各种信息，获益良多。

程顺和感觉到，国外搞科研讲求实际，不搞表面文章，也不搞形式主义。他们到一处科研机构去参观，没那多人陪同，引导员请他们坐下后，直接播放宣传片，通过看片子就能把大体概况了解清楚，过程非常简单，既不用讲解员，也不用人陪着到处跑。他觉得这个方式很好。里下河农科所每年也会有很多人来视察、观摩、交流，如果把这种方式引进来，可以节省许多人力和时间。回国后他提了几次都没弄成。程顺和感慨，有些看似简单的事在国内变得困难起来，办什么事，都要由下往上一层一层申请，再由上往下一层层批示，不只是麻烦，最后可能因为某位领导不懂、不关心，或者不同意，那就只好拉倒（现在这种专题介绍片已经普及）。

那次在墨西哥小麦基地，程顺和看见使用小区联合收割机工作起来又快捷又干净，一下子就把农作物收割好了，不禁在心中感叹，这机器效率又高，损失又小，如果小麦室也有一台该多好啊。那时小麦室的收割全靠人工，先在田里收割，然后捆扎、运输，再用小老虎机脱粒，风吹草扬噪声大，弄得满鼻子满脸灰尘，脱完粒后再弄到晒场上去晒，来来回回损失很大。程顺和想要收割机，但一台机器要大几十万，买不起。只好先将就一下，买电动脱粒机，又买了好多电线、电缆，把脱粒机直接放在田里，就地脱粒，减少搬运，最大限度减少损耗。为了买到性价比高的脱粒机，光是搜集的说明书就有厚厚的一沓，现在说来都当笑话说。

第一次从墨西哥考察回国后，程顺和接受了《东方时空》《东方之子》栏目的采访。也就是在那次采访中，主持人将他称为"南方麦王"。主持人在采访过程中问程顺和有什么心愿，程顺和说：我非常非常想要台小区联合收割机。主持人说：程老师，我帮您宣传宣传，在片子里呼吁看看。后来片子播放时，主持人果然在片中呼吁，希望有关部门能帮助解决联合收割机的问题。毕竟是央视的权威栏目，果真就有了回应，科技部来了一位姓余的同志，看了小麦室的情况，回去打电话来说：我给你60万元，你去购买机器。程顺和好高兴，谁知不久这位余同志工作调动到西藏去了，收割机就没了下文。又过数年，直到里下河农科所成为国家小麦改良中心扬州分中心，国家小麦产业技术体系为这个项目拨款后，才从奥地利进口了一台。后来农科所有了钱，又陆续买了两台，前后共买了3台。程顺和这才圆了他多年的小区联合收割机之梦。

3

1999年春，由国家留学基金会公派，程顺和在庄巧生先生的建议下，再次获得赴CIMMYT交流的机会。此行的目的是就小麦育种、种质资源、抗病性改良、科研管理进行学习考察，要建立集现代先进技术的高效育种体系需要借鉴国外经验。

然而，事不凑巧，临出国前他胃部连续发现出血状况，身体情况不乐观。爱人陈凤琳担心他的身体，万一在国外倒下来岂不麻烦。就劝他还是不要去：你都要退休了，就别那么拼了！他说，机会难得，当面与国际高手交流和看论文大不一样，看现场和听汇报感受也不一样，思想的火花往往是在碰撞和交流中产生，我不想轻易放弃这样的机会。

陈凤琳熟悉他的犟脾气，知道拗不过他，便催他去医院开了足够的药，再三嘱咐：到了这年龄，千万别强撑，在国外不比在国内，如有不适，赶快去医院。程顺和连连答应。陈凤琳还不放心，他上车前又拉开车门叮嘱：你可千万别忘了吃药啊！

到了墨西哥国际玉米小麦改良中心后，各国专家云集，程顺和把夫人的嘱咐早丢在一边，浑然忘记病痛，全身心投入工作中。中心的各国专家一人一个办公室，但他们都不爱待在办公室，爱在田里现场

交流，这正对程顺和的脾气，他也从早到晚待在田间选种，午饭凑合解决，累了就躺在麦垛上歇一歇，太阳暴晒，额头以上戴着帽子的地方，皮肤是白的，眼睛下面都黑了，所有裸露的皮肤都变黑蜕皮。他白天兴致勃勃穿行麦田，像炼金士炼出了满地黄金般欣喜，可是晚间一旦回到宿舍，便觉胃腹胀痛烧灼，睡前总要吃几片国内带去的药才能入睡。这样持续工作20余天，收集了各种有价值的、受到中心专家青睐的材料2600多份。程顺和倍感振奋，他设想把这些材料引入国内，在长江下游作进一步的成套配组鉴定，这不只对中国，对国际小麦育种都将产生深远影响。

在中心期间，程顺和与小麦项目负责人，世界著名小麦育种家拉贾拉姆（Rajaram）博士交流密切。拉贾拉姆是印度人，非常热情善良。墨西哥的小麦基地离墨西哥城很远，坐飞机过去要飞2小时，了解到程顺和资金不充裕，主动为他买了来回的机票。程顺和深受感动，他邀请拉贾拉姆博士有机会到扬州访问，拉贾拉姆欣然接受，两人建立了深厚友谊，为此后的合作建立了良好基础。

在中心，不少外国专家向程顺和询问中国的粮食生产情况，程顺和对他们如此关心中国农业发展也感到好奇，后来才知道，原来这一切与一篇《谁来养活中国》的文章有关。1994年，美国农业与环境问题专家莱斯特·布朗提出一个震惊世人的问题："谁来养活中国？"他在《世界观察》上撰文指出：中国到2030年，如果人均粮食消费水平按400千克计，进口粮食将达到3.78亿吨。而世界粮食出口总量不过2亿多吨，到那时，不仅中国养活不了中国，世界也养活不了中国。此言一出，许多不明就里的人感到深切忧虑，仿佛中国一夜之间成了全球的累赘和威胁。程顺和向外国专家介绍中国农业科研发展的真实情况，现在中国人完全有能力解决自己的吃饭问题，布朗的担忧是因不了解中国的巨大潜力造成的，但他的话也有好处，让我们提高警惕。程顺和一面介绍，一面暗下决心：此生拼尽全力，一定不能让布朗的预言成真，更不能让中国人饿肚子。

这次在墨西哥有两个多月，程顺和深入了解了各国专家小麦育种的先进理念和技术，进一步明确了扬麦的育种方向。因其在留学期间出色的表现和收获，荣获江苏省首届"留学回国先进个人"称号，时任江苏省省长季允石亲自为他颁发证书。

4

第一次去墨西哥，他看上了人家的收割机，这次再去墨西哥，他看上了国外的小麦品质测试仪。回国后，小麦室自筹70万元人民币，进口了3台品质测试仪，他设想建成一个实用的、现代化的品质实验室。

为什么要买品质测试仪？程顺和有自己的想法。

一直以来，品种审定这个问题都是程顺和的心结，他在开全国会议时经常询问其他育种专家：你们说说看，审定，有哪些是品质不好就不要的？又有哪些是品质好就加分的？专家们讲不出来。他又问：优质弱筋麦是什么样的？也说不清楚。实际情况是，来收购种子的人都是抓起一把种子，眼睛看一看，嘴里咬一咬，光凭外观判断，而不是凭借科学方法测试这里面面筋含量有多少，是角质还是粉质？包括许多专家也都是这样，只强调种子要好看，但小麦的品质究竟如何没有科学依据。因而导致产量高成为唯一可以量化的标准。

有一件事让程顺和记忆深刻。

在一次国际学术研讨会上，国际玉米小麦改良中心项目主任拉贾拉姆博士同程顺和开玩笑地说："现在，你们中国的粮食丰收了，农民出现卖粮难，为什么卖粮难？就是因为你们的小麦品种产量虽高，而品质却比不上我们。如果你们的小麦品质上去了，就轮到我们卖粮难了。"

这些话强烈地刺激了程顺和，拉贾拉姆博士话糙理不糙，让他清醒地意识到小麦育种的任重道远。随着温饱问题的解决，将来人们会更讲究粮食的品质，就是从吃得饱向吃得好转变。

扬麦158获得国家奖后，程顺和参加了由科技部主办的部分获奖项目主要代表出席的座谈会。座谈会在北京人民大会堂召开，获奖代表受到党和国家领导人的亲切接见。

那次座谈会上，有四位代表作了发言，程顺和是其中之一。程顺和记得，自己那次发言的主旨就是对粮食品种科学审定的建议。那次

座谈会由科技部部长朱丽兰主持,轮到程顺和发言时,朱部长介绍道:"下面请里下河农科所所长程顺和发言。"程顺和听了一愣,怎么把我提拔成所长了?当场也不便更正,只能将错就错开始发言。部长之所以出现那样的口误,主要原因是别的获奖发言者不是院长就是所长,大家没想到程顺和只是一个地区农科所的小麦室主任,一个地地道道的基层草根科研人员。程顺和在发言中讲述了扬麦158的培育过程后,就提出了自己对粮食品种审定的建议,不但要看产量,更要注重品质。审定过程应该更加公开公平。他还说,一个品种真正的成功,在于其品质、产量等多方面的综合效益,在于能够大面积种植,并给农民带来实际效益,给食用者带去良好的口感和营养,而不只是通过审定,也不只是获奖。

他明知道说这话有人听了会不高兴,但他依然那么讲。他说,科学家就要心胸坦荡,不能违背自己的良心。

或许从那时起,"建立集现代先进技术的高效育种体系"就成了他追求的目标。

2001年9月,在二次延迟退休之后,程顺和卸下行政职务,张伯桥接任小麦室主任。没有特别的交接班仪式,可说是平稳过渡。程顺和无官一身轻,少了许多琐屑之扰,那些迎来送往、开会报告、拍板签字等杂事一概交由张伯桥处理。程顺和退而不休,全身心投入科研,他心中筹谋大计,要将小麦室的科研水平再提上一个台阶。

清晨,扬州教育学院的操场上,奔跑着一个矫健的身影,朝阳透过林梢洒向操场,给他全身镀上了一层金色。天行健,君子自强不息。脚步铿锵,他坚定地向前跑着,向着21世纪。

第十四章 从吃得饱到吃得好

1

啪!一团橘黄的灯光照亮了床头,时针指向凌晨5点,窗外传来小鸟初醒的啼鸣,天光半明半暗,程顺和的脸也隐于半明半暗之中。当周围的人还沉浸梦中,他生命中新的一天已经开始,但是这会儿,他没有急于起床,而是在黎明的静谧里,趁着一天中头脑最为放松和清明时刻,思考着近来萦绕脑海的问题:国家小麦改良中心扬州分中心建设在即,有许多工作需要落实,如项目启动仪式的程序,领导来宾的接待安排,项目资金的到位,工程步骤的落实……

早在2000多年以前,儒家十三经典之一的《周礼》中就有这样的记述:"东南曰扬州……其谷宜稻麦。"而后世关于扬州麦作情形的记载常见于各类典籍,其中最为人们喜闻乐见的载体之一是古诗词,南宋姜白石《扬州慢·淮左名都》一词中的"夜雪初霁,荠麦弥望","过春风十里,尽荠麦青青"更是脍炙人口。这些古籍记载和文字,明确标示了扬州地区麦类种植历史之悠久,地处长江北岸的扬州,地理气候具有代表性,扬麦系列的优良品质也证明在此进行小麦改良工程再适合不过。

争取在扬州设立小麦改良分中心,程顺和早有谋划,在多次调研基础上,形成了中心框架性构想,其后又不断细化,形成了可行性方案。一次去北京开会,见到中国农业科学院院长、中国工程院副院长卢良恕,程顺和把早就准备好的一封信递了上去,信里写的就是在扬州设立小麦改良分中心的方案。方案递上去后,程顺和不断跟踪追问,开会见面说,不见面就通电话。那一年中,他分别找到农业部三位部长和科教司的两位司长,说明在扬州建设分中心的有利条件和迫切愿望,并将可行性报告呈交农业部。

爱人陈凤琳心疼他,劝道:"你为育种忙了一辈子,已经退休了,去争取这个中心干什么?"他说:"正因为我退休了,有时间专心搞育

种了，所以才要建立这个中心，为国家在小麦育种方面做些事情。"陈凤琳再劝："退休了在家安度晚年不好吗，何必去自找苦吃？"程顺和说："别人不了解我，你还不了解我？民以食为天，粮食关乎千家万户，关乎国运昌盛，我搞了一辈子小麦，有两大心愿未了，一个就是攻克小麦赤霉病，一个就是提高小麦品质，所以我才千方百计争取在扬州设立小麦改良分中心，为的就是将这两大任务继续下去，贡献我的下半生！"

程顺和话犹未尽："我常去乡下走，和农民交流，当你走在田埂上，看到农民们对良种渴望的眼神，就真的不能休息了。"

里下河农科所领导对程顺和关于在扬州设立小麦改良分中心的设想全力支持，组织精兵强将配合小麦室拿出了相关论证报告上报农业部。农业部很重视，组织相关部门和专家严格论证，认为在扬州设立分中心切合南方小麦生产实际，列入工作计划，分期实施。在程顺和不懈努力下，农业部2001—2002年度一期总投入723万余元，分中心建设项目终于得以落实。

此后，程顺和成为学科带头人、担任扬州分中心首席专家，承担了国家自然科学基金、"863计划"、"973计划"及江苏省重大攻关项目数十个，已逾花甲之年的他将全部精力投入小麦育种中。

程顺和说："科学研究和对新知识的学习不应随着年龄老去而终止。"他总是像海绵一样，根据不同的科研目标和科研内容的需要而不断学习，吸收最新、最前沿以及他以前不曾关注到的知识，在新世纪到来时，关于现代生物技术和分子生物学方面的知识，成了他学习的重点。他辩证地对待传统技术与新技术的关系：前者是基础、是主流，后者对前者永远起着促进与推动作用。新技术被利用后就转化为常规技术，然后又会出现更新的技术。因此，结合国家小麦改良扬州分中心的建设，他充分重视作为传统育种与分子生物学技术之间桥梁的"组织培养技术实验室"的建设，并敦促身边人员：分中心的建成需要较长时间，不要等到建成后再着手，而应先因陋就简地把组培工作开展起来，时间不等人，要在干中学，在干中建设。

2

培育糯小麦是程顺和确定的后期小麦育种目标之一,他认为富裕起来的中国人民对幸福生活有了更高的追求,已经从吃得饱向吃得好转变。

程顺和关注糯小麦的起因与久负盛名的扬州包子有关。扬州的富春包子几乎和"扬州三把刀"齐名。扬州文化中有"早上皮包水,晚上水包皮"之说,"晚上水包皮"是扬州人的"沐浴"文化,早上皮包水说的是扬州人的"早茶"文化,就是早上起床后去扬州的茶社吃包子、喝茶。外地人到扬州,扬州人总是以扬州包子殷勤待客,一大早去富春、冶春或西园等茶楼酒肆吃早点,都是顾客盈门,生意兴隆,那一笼笼、一屉屉喷香透亮的包子、饺子端上桌来,总能勾起人强烈的食欲,咬一口,味蕾跳舞,唇齿留香,心情也跟着大好。而每当离开扬州时,扬州人也会热情地送上扬州包子礼盒,希望客人把美好的感受一直带回家。但是回家之后却发现,带到外地的包子与在店里现做现吃的口味大不相同,味道差了许多。对这种差别一般人大都理解,速冻的没有现做的口味好吃,是大家公认的常识。以一般面粉做的包子速冻以后,面皮收缩发紧,再加热时就容易开裂,直接影响外观和口味。这个问题引起了程顺和的注意,他在想:怎样才能让包子的面皮不开裂?推而广之,怎样提高面条的口感,怎样延长面包、方便面的保质期?怎样提高小麦的商品率,开发更为适用的工业原料?这些念头开始萦绕在程顺和的脑子里。"根据实际需求确定研究方向,这样做学问更有意义。"程顺和以实用为第一目的,开始了对糯性小麦的研究,这标志着里下河农科所小麦育种目标开启从品质到特质的深化。

国际上对糯性小麦的研究,日本开始得较早,大约是受资源有限的影响,物以稀为贵,日本人与韩国人对待食物都有一种珍惜和敬意,他们不浪费食物,对食品的开发也特别用心。日本乌冬面很有名,口感好,就是用糯小麦做的。日本的糯小麦最早是从澳大利亚进口,但那并不是真正的糯小麦,只是半糯。糯米的糯性来自支链淀粉,小麦要具有糯性，也必须提高支链淀粉的含量，支链淀粉含量的高低受三对基因控制。具体的技术和术语讲述起来比较复杂难懂，通俗地说，糯米与大米的口感差异大家都知道，糯小麦与小麦的口感差异也大致相似。

自1998年起，程顺和便利用一切机会收集材料。在收集到三种基因资源后，运用具有世界先进水平的"滚动回交结合遗传标志"技术，利用籽粒染色和WX基因分子标记辅助选择开展育种工作，将江苏"白火麦"与日本"关东107"等品种进行杂交后获得的糯性基因固定到"扬麦158"品种上，在1999年秋播时播下。在育种过程中，他努力争取一年两代，与生物技术结合加快进度，同时进行测试。最初进行糯小麦研究时，也有人持反对意见。程顺和不为所动，坚持培育，到株系出来后，表现很好，反对声才渐渐消失。

小麦糯性的出现来自回交育种中产生的基因突变。很多人听到突变就变色，其实大自然能够进化和进步，说到底归功于突变。美国科学家认为，距今10万到3万年前，智人发生了基因突变，导致大脑神经元重组，工作和记忆能力因此而大幅增强，从而催生了语言能力，智人因此有了原始文化，可以进行复杂规划、团队合作，这些能力使得智人能够打败并消灭其他人种，成为今天人类的祖先。我们今天吃的小麦，它的祖先种之一是一种野草"山羊草"，所吃的谷子最初的野生祖先是"狗尾草"。试想，如果没有基因突变的发生，人类不可能出现，人类的生存也成问题，所以突变并不可怕，反而非常可贵。

程顺和认为：育种的过程，是有选择地改造，想象力非常重要，使未来的植物按照育种者想象的要求呈现，这仿佛是在创作一件实用的艺术品，拣选、配组、播种、等待，诱导些什么？改变些什么？什么又是不能改变的？需要付出，也需要耐心，时间会给出答案。

3

程顺和选定吕国峰作为助手协助自己主攻糯小麦。

吕国峰是程顺和从南京农业大学引进的第一个硕士研究生，他的父母是浙江人，20世纪支援边疆建设到了宁夏农业科学院。吕国峰生长在宁夏，受家庭影响，也搞了农业，后来考入南京农业大学读硕士。

程顺和急需人才，听南京农业大学的朋友讲有这样一个人，宁夏过来的，研究生，技术不错，也有想法，便设法招入。为了安住吕国峰的心，连同他爱人也一块儿调动到农科所，并安排了工作。这样优厚的待遇，在小麦室和农科所都是前所未有的。

吕国峰进入小麦室后，在程顺和的指导下培育糯小麦新品种，一干就是七八年。后来又有了刘健、徐鑫、马红勃等年轻人加入研究。

2006年，代号扬05G68的糯小麦育成。2009年通过审定，定名为扬糯麦1号。经农业部谷物品质监督检验测试中心测定，扬糯1号籽粒胚乳为糯质，支链淀粉含量98.7%。可以改善面条、馒头、面包的品质及口感，食用时糯性口感好。这一小麦新品种为丰富人们的餐桌提供了更多更好的选择，而且还能在医药、纺织和造纸方面应用。

在2012年度江苏省科学技术奖励大会上，程顺和荣获江苏最高科技奖——江苏省科学技术突出贡献奖。面对记者的镜头，他说："随着社会的发展，粮食安全的含义也在与时俱进。我们的小麦育种工作，过去的着眼点是'高产、抗病'，现在更强调加上'高效、环保、营养'，我们科研团队的管理水平、学术水平、技术水平都必须跟上时代发展的潮流，让中国农民多增收、快致富。"

按说扬糯麦1号通过审定后，就该大面积推广了。然而，理想很丰满，现实很骨感。糯小麦并没有像程顺和起初设想的那样大受市场热捧，也许是因为它太新颖，太有特色，尚不为大多数人所了解和接受，因此陷入被市场冷落的尴尬境地，由此导致种植面积无法顺利扩大。一般人遇到这种情况会气馁、沮丧甚至放弃，但程顺和并未因此止步，挫折对他来说不是打击而是砥砺。在他的坚持下，对糯小麦的应用研究在持续。在介绍和推广上，程顺和也不遗余力，他在首届中国面条小麦食品品质生产论坛上作了《糯小麦配粉对面条品质影响的研究》的大会报告。

好酒也怕巷子深，生活品质的提高需要同步的社会经济发展。

而在实验室中，关于糯小麦的应用开发实验则取得了可喜的进展。

通过奇思妙想和不懈努力,食品制作实验颇见成效,用糯小麦制作出的面条、水饺都很软,也很筋道。由于富含支链淀粉,把糯小麦面粉油炸、烘烤比普通面粉会涨得更大,做出来的小食品很香很脆,其外形类似以糯米粉制作的小点心"京果",程顺和同团队的年轻人开玩笑,叫它做"大京果"。用糯小麦洗出来的面筋与一般面粉也有差别,颜色深,质地更软。特色食品水饺、面包、面条、面筋都取得了成功,其中有两种通过了指标测试,并申请了品种权,获得两项发明专利(一种糯小麦油炸食品及其制作方法、一种糯小麦烘烤食品及其制作方法)。

糯小麦的面粉黏性很强,这是它的独特之处,但因此,也造成它不能单独使用,曾经有合作者反映,磨这个糯小麦把搅拌机都损坏了。

程顺和说,到目前为止,糯小麦面粉须与其他面粉配比使用,效果才佳。用掺了糯小麦的面粉做面包更耐存,可以延长老化;用糯小麦制作面条,比普通面条耐煮,不会糊汤,口感也更好。

2009年,程顺和与兴化楚龙面粉有限公司合建院士工作站,开发糯小麦面条生产,将30%糯小麦粉掺到普通面条粉里做成面条。袋装的挂面,包装和外形与超市出售的挂面无异,名称为"楚皇糯小麦爽滑面",其下有标注"国家小麦改良中心扬州分中心、江苏里下河地区农业科学研究所、江苏楚龙面粉有限公司联合开发"字样,属于高端面条。

高端面条没能端上普通老百姓的饭桌,目前,扬糯1号只在江苏兴化和高邮种植,面积也只有几千亩,产量不低,可由于市场没有铺开,农民种植积极性不高,离大面积推广的目标还有差距。要想大面积种植、大批量生产,必须有市场需求才行。程顺和认识到,市场是个奇怪的东西,好东西不一定就能畅销。

农科所在开发农产品时,程顺和提出建议,将糯小麦做的点心拿到火车站、飞机场去卖,首先在群众中打开市场,但这想法并未得到落实。程顺和认为扬糯麦的推广工作没有做好。

糯小麦面条开发出来后,程顺和曾经派人分送给相关单位人员品

尝，大家的反响都说：好吃！可是说到购买，就犹豫了，有的怕新产品销售有困难，有的是嫌价格比普通面条高。倒是有一些个人出于偏爱想要购买，却因市场上难以寻觅，购买不方便而作罢。

周国芳曾对糯小麦成果转化问题提出两点看法：一是要解决产量，即大面积种植的问题；二是要解决价格问题。程顺和对周国芳的说法很认同。他说，我不会放弃糯小麦的研究，只要是好东西，总有一天会被市场认可！

4

一个好消息传来，糯小麦的应用在云南夏繁基地竟有了意外的收获，这令程顺和大为振奋。

为了寻觅一个各方面条件适宜的小麦夏繁基地，程顺和花了不少心思和精力。2005年他当选中国工程院院士后（当选院士的情况在后面有专章介绍），他两次向时任农业部韩长赋部长写报告，提出建设夏繁基地的建议；并多次与农业部及相关科研单位的人员进行座谈、考察、论证；先后去云南昆明、四川马尔康等地进行夏繁观察试验，积累了不同类型品种在不同播期的生长表现资料，为夏繁基地的实际应用提供技术支撑。在他的努力下，促成了小麦夏繁加代云南基地的建设，为我国小麦育种搭建了一个良好平台，此举受到全国同行的高度评价，认为是一项非常重要且有意义的事。

夏繁基地在云南寻甸。寻甸回族彝族自治县地处云南省东北部，位于东经102°41′~103°33′，北纬25°20′~26°01′，县城距昆明90公里，是滇东北之要冲，横跨金沙江、南盘江两流域之间，县内有山岭、江流、平川，每年的11月至翌年4月是旱季，5—10月是雨季。程顺和十分看好寻甸县低纬度、高海拔，适应夏繁育种的气候资源优势，一年多种几代，将大大缩短小麦育种进程。

在寻甸夏繁基地建设前，程顺和就已经开始在云南做夏繁小麦，但那时没有固定的基地，都是租用当地农民的田地种植，因而夏繁小麦的科研受到制约。夏繁小麦必须要有一个固定的科研基地，由此，程顺和想到了云南农业大学的校办农场。云南农业大学的朱有勇校长性情朴实豪爽,与程顺和一拍即合,当即答应。朱校长是一位植物病理学专家,大家都是搞农业的,非常投缘。他把程顺和带到校办农场去看地,并命人将旧房子全部推倒,重新规划建设。从昆明市区到校办农场有段路不好走,朱有勇院长找到昆明市的相关领导,述说同江苏合作建设夏繁基地的重要性,市里大力支持,由市里出面把路修好。

夏繁选择低纬度高海拔地区,在扬州夏天收了种后拿过去种,10月国庆节就可收割。程顺和发现,在云南还有一个地方可以进行冬繁,在冬天播种,翌年4月就可收割。两相结合,就可大大节约育种过程。

当夏繁还处于租用农民田地的阶段时,糯小麦就是在采用温室、夏繁和组织培养的方法上取得进步的。

2010年4月,国家小麦油菜夏繁基地在云南寻甸奠基,程顺和成为率先入驻小麦油菜夏繁基地的中国工程院院士。在云南夏繁基地,程顺和见到了自己的学生覃鹏,覃鹏告诉老师,对糯小麦的技术应用他卖了100万元,这让程顺和大为吃惊。

覃鹏曾是程顺和的研究生,此时他已是云南农业大学的教授。当年,覃鹏是在自己的孩子出生的那一天到扬州考研的,程顺和觉得覃鹏很不容易,抛家舍子来学习,便对他格外关心。当时糯小麦已育成,程顺和安排他在实验室中研究糯小麦的食品生产。

那时,程顺和一心要搞品质实验室,进口了专门的仪器。覃鹏经常在实验室里用仪器做实验,有什么新发现就喊程院士去看,院士办公室就在实验室对面,程顺和听见喊他,就赶忙过去,师生二人对着分子图分析、交流、传授。

有了仪器的帮助,覃鹏如虎添翼,对小麦品质的分析有了科学依据,积累了丰富的经验。

读研两年后,覃鹏离开扬州回云南,不仅育出了3个滇麦品种,而且在昆明将糯小麦的品种使用权卖出了100万元。

程顺和倍感欣慰,无意插柳柳成荫,扬糯1号飞越山水,在七彩云南开出了花朵。

相比之下，弱筋小麦的研究取得重大突破。

在开发糯小麦的同时，程顺和又承担了农业部农业结构调整重大专项——"优质弱筋饼干、糕点小麦新品种选育及配套高产高效栽培技术研究"项目。

长期以来，由于受地理气候等环境因素影响，南方小麦有着与北方小麦不同的特性。北方的面粉与北方性情刚烈的汉子一样，灰黑带劲儿；南方的面粉则细腻酥软，如江南女子般温柔绵密。对大多数中国人来说，可能一辈子吃米面为生，却并没有真正地认识米面。

从科学角度去分析，稻米与小麦以及小麦磨成的面粉，所含的营养成分，如蛋白质、维生素、氨基酸等含量不同，相对应地也各有适宜人群。从中国传统医学角度看，由于稻麦生长环境不同，一个水作，一个旱作，它们的属性也不同，功能也有差异。稻米生长于盛夏的水田，得金木水火土之性较全，性味甘、平偏凉；小麦得金木火之气偏多，性味甘、平偏温。麦子秋播夏熟，春季最先返青，青色入肝，故能补肝养目；麦芒尖锐，可生发疏肝。如果一个人肝火本身过旺，则宜食用稻米，水作之谷，可平肝火。肠胃不好的人，宜多吃面食，民间有用炒面治拉肚子的偏方。

单就小麦来说，有硬质与软质之分，加工成面粉后，又有强、中、弱筋之区别。一颗小麦籽粒主要由三部分组成：麦麸、麦胚和胚乳。小麦的软硬，是按籽粒胚乳结构呈角质或粉质的多少来划分，角质率70%以上的小麦称为硬质小麦，粉质率不低于70%的小麦称为软质小麦。硬麦的胚乳结构紧密，呈半透明状，亦称为角质或玻璃质；软麦的胚乳结构疏松，呈石膏状，亦称为粉质。小麦加工成面粉，则按籽粒中蛋白质、湿面筋含量的高低来划分强、中、弱筋，蛋白质含量高、面筋强度大的为强筋粉，反之为弱筋粉，指标居中的则为中筋粉。

过去，中国人之间打招呼，不分男女老幼，不分时间地点，都是一句："吃了吗？"曾几何时，这句问候语渐渐消失，人民的生活发生了巨大变化，吃饱无虞，有没有得吃已无需发问，什么好吃？吃什么能够养生才是人们最为关心的话题。国家进行产业结构调整，是为了发挥优势，各展所长，以适应人们不同的消费需求。硬质与软质，强筋、中筋与弱筋，没有单纯的好与不好，它们各有用途，丰富着人们的餐桌。人的需求是多样性的，全麦面包要干硬，切片面包要松软，饼干要酥松或是薄脆，蛋糕要疏松，面条要有弹力，馒头要有嚼劲儿……不同标准的面粉可以提供更多选择。一般来说，强筋适合做面包、通心粉和优质面条、北方馒头等；中筋可以制作的食品种类最多，包括面条、馒头、饺子、包子、大饼、油条等；弱筋适合做饼干、糕点和蛋糕等。为了提高我国小麦质量和商品率，并与国际标准接轨，我国在1999年制定和发布了优质专用小麦的国家标准。

思路一变，道路变宽。科研就是不断开拓、创新，在没有路的地方披荆斩棘，开辟出一条新的路来。进入21世纪，程顺和顺应时代发展，适时改变科研思路，确立了全面改良南方麦区小麦品质的目标。

长江中下游是弱筋优势产业带，也是小麦商品率全国最高的区域。程顺和带领他的团队，根据我国弱筋小麦优势产业带的需求，齐心协力，先后培育出饼干、糕点专用的高产优质弱筋小麦扬麦9号、扬麦13和扬麦15等。

那年程顺和指导吴宏亚做的硕士论文，选题就是关于"面条和馒头"，真是非常接地气了。程顺和常对学生们说："论文，不是单单发表两篇文章了事，要真正起作用。实验具体内容是将各种小麦品种在各种区域种植，相互作用，观察其影响，以此衡量什么样的品种最适合做面条和馒头。"实验室里配备了蒸锅烤箱、案板锅台，简直成了厨房，吴宏亚化身大厨，将各个品种的小麦磨成粉，和面揉团，做馒头做面条，然后测试各项指标，分析品质。这科研倒也别有一番趣味。

数年后，吴宏亚又考了程顺和的博士研究生，论文选题仍然与食品相关，是"农学角度的中国饼干研究"，听起来比"面条和馒头"高大上了一些，实验内容仍是用各种小麦材料制作各种饼干糕点，进行分析比较。北方的强筋小麦，南北方的中筋小麦，都适合制作面条、馒头，长江中下游的弱筋小麦更适宜于制作饼干、糕点。那些日子，实验室变成了糕点房，找来了几十种材料，一一按新出台的中国饼干

标准来做，看哪些优秀，哪些好，哪些差，又选了一批各业代表来品尝，对比优劣。为了客观公正，请来的人既有小麦室的，也有农科所其他科室的人，还有外单位和学院的。楼道里天天飘着糕点的麦香味，让整个小麦室的工作人员垂涎三尺。

2003年9月，经全国鉴评专家组盲评，江苏里下河地区农科所育成的弱筋小麦扬麦9号和扬麦13制作的蛋糕、饼干评分分别为90.1分和89分，均超过对照美国软红麦评分（80分），是所有参评弱筋小麦中饼干、蛋糕评分最高的。这两个品种后来作为主体品种被广泛种植，扬麦13累计推广种植3000多万亩，是我国推广面积最大的弱筋小麦品种。

国产优质弱筋小麦的育成，在一定程度上减轻了粮食进口压力，也为国家节省了外汇，更重要的是，使自己的品种在国际上具有竞争力。

那年小满时节，里下河农科所小麦试验田中，小麦接近成熟期，大片金黄中闪烁星星点点绿色，程顺和与来访的卡夫企业品质专家现场交流着弱筋小麦品质改良问题。小麦室与国际大企业——美国卡夫公司的合作是一个成功的范例。卡夫是全球饼干第一大公司，旗下产品非常多，有奥利奥、太平苏打、小王子等，占饼干市场份额的70%。大公司在挑选合作对象时，条件都是非常苛刻的，何况卡夫这样的大型跨国公司。与卡夫的合作经历了一个相当长的过程，美国的专家们多次来到瘦西湖畔的试验田中实地考察，与程顺和团队探讨研究，凭着扬麦弱筋系列优秀的品质，合作变得越来越顺利，卡夫公司开始主动商谈合作项目，并提供经费，强强联合，指定区域，指定品种，共同进行弱筋小麦研发。

年过七旬的程顺和依然步履矫健，奔波于实验室和基地之间，忘记了年龄，忘记了时光！

第十五章 当选院士

1

2005年12月13日,中国工程院公布了2005年50位当选院士名单,程顺和榜上有名。

中国工程院成立于1994年,是中国工程技术界最高荣誉性、咨询性学术机构,国务院直属事业单位。中国科学院和中国工程院都可称为国家智库,其主要职能就是:发挥院士群体多学科、跨部门、跨行业的综合优势,参与国家和地区经济发展和社会进步中重大决策、重大工程建设和高技术产业发展战略的研究、咨询和评估,为国家和地方政府提出优先发展领域和重点投资方向和建议;组织对重大工程科学技术方向性、前沿性问题的研究,提高工程技术创新的能力和管理科学与工程的水平;广泛开展不同层次、多种形式的国内国际学术交流与合作。中国工程院每两年增选一次院士,要经过严格的评审和选举,必须是在工程科学技术方面作出过重大的、创造性的成就和贡献的科研人员,才能获得中国工程院院士资格。

地区农科所里能出一位中国工程院院士的情况非常少见,很大程度上与扬麦系列品种屡屡获得国家与农业部科学技术进步奖,而且两度获得国家科学技术进步奖一等奖有关。推荐程顺和为候选人的有3位院士:刘大钧教授、盖钧镒教授、张齐生教授,江苏省科技厅也组织专家评选并作了推荐。作为候选人,要过两道关,首先是答辩,之后是选举。选举时实行差额、无记名投票,选举结果经院主席团审议批准。如此层层筛选评审,都通过后才能获得院士称号。用程顺和弟子陆成彬的话来说:院士都是神一样的人物。

那年中国工程院给每位新当选的院士发了一封信,大致内容如下:

"中国工程院院士"是中国工程科技界的最高学术称号和最高荣誉称号,这个称号是国家和人民对您多年来辛勤工作所取得成就的充分肯定,同时也意味着新的责任和使命。每位当选院士,都是中国人民的普通一员，没有任何特殊的权利。中国工程院要为国家经济发展和社会进步作出应有的贡献，关键是要建设一支素质高、学风正、品德优的院士队伍。为了不辜负国家和人民的期望，让我们以如下八条共勉：

1.继续发挥自己在工程科技领域的专业特长，开拓创新，自强不息，深入工程科研实际，在身体允许的情况下，尽量从事一线工作，努力为祖国的现代化事业和青年人才的培养作出新贡献。

2.您将会感受到社会各方面对院士很高的期盼和尊重。这需要我们以清醒的头脑面对，谦逊地评价自己，严格地要求自己，避免过多的社会兼职，婉拒过高的、不适当的物质待遇，不参与媒体对本人成果的"炒作"，维护院士称号的崇高和尊严。

3.院士不是"万事通"，应避免参加各种与自己专业无关的评审、鉴定、咨询等活动，特别是为商业性广告造势，不应把宝贵的时间和精力浪费在不必要的应酬上。旗帜鲜明地反对伪科学和封建迷信活动。

4.在当选院士以后，更要谦虚谨慎，平等待人，不以"权威"自居，保持优良的学风，带头营造科学民主的学术环境和氛围。

5.继续弘扬科学精神，以身作则，努力成为科学道德建设的模范，唯真求实，力戒浮躁、淡泊名利的身体力行者。实事求是地充分肯定同行和同事们的贡献，尊重他们的劳动和成果。正确处理成果、论文和报奖的署名和知识产权问题。加强对自己的学生和助手等年轻人在科学道德方面的教育和培养。

6.严守院士纪律，遵守我院制定的院士自律规定和各项行为规范。在增选新院士时，谨慎公正地用好院士的推荐权和选举权，准确把握院士的标准和条件，不受干扰，公正无私地进行评审和选举。

7.在各方面严于律己，主动听取并正确对待各种意见，自觉接受群众、单位和社会的监督。

8.院士的作用是重要的，但能当选院士的人毕竟是少数。院士有责任和义务广泛团结自己周围的科技工作者，共同为国家的繁荣富强而奋斗。

在给新当选院士发信的同时，中国工程院也给院士所在部门和单

位发了一封信,主旨是建议院士所在单位不要安排他们参加那些本学科领域以外的各类评审、鉴定、咨询和评奖等活动,不宜使他们在一些应酬性活动中分散宝贵的精力。

2

"几代人的智慧,成就了今天这一荣誉。实事求是地讲,我今天所取得的成果,其实是我们里下河农科所小麦室几代人集体智慧的集聚,是大家的努力换来了今天的荣誉,所以这个功劳应该归大家。"程顺和在当选院士后接受新闻记者采访时这样说。

两年一度的院士大会如武林的华山论剑,各路精英如大神云集,国家领导人出席大会发表讲话,会上新成果新观念新知识,交织成一股股信息流,都是来自科学最前沿的信息,大家交流探讨,开阔思路,提升认知,如经历一场头脑风暴。程顺和说,当选院士之后,登上了更高更大的一个平台,信息来源更广、更多、更高,对自己从事的小麦育种帮助很大,与国内外育种专家的交流多了,思考的问题和思考问题的方式及角度也与从前有所不同。同时,他也认识到自己从前的局限性,里下河农科所作为基层的单位,平台有限,曲高和寡,想做成点事很不容易。因为不容易,更要努力去做。他谢绝了多个高校的高待遇邀请,扎根小麦室,认为基层第一线才是他真正发挥最佳作用的地方。

那阵子,程顺和着实忙得透不过气,连长期坚持的晨跑也中断了,用他自己的话说,是国事(政协、党派)、室事(科研、队伍建设、培养学生)、外事(会议、考察),事事相连。他没有提及家事,因为他有一位贤内助,免了他的后顾之忧。

程顺和知道,他在外面跑得多了,所里有人私底下会说风凉话,什么外面风光,家里不管。这个家指的是小麦室。人们早就忘记了程顺和已经退休的事实,依然把他当作在职人员。事实上程顺和对小麦室的科研工作,心里有一本明晰的账,别人只看到他某天不在单位,却不知他白天在外奔忙,晚上仍在熬夜制订科研方案和实验计划,试验田里麦子的情况他也了然于心。程顺和的心思都在育种事业上。在外面看到人家田里出现了什么情况,马上就打电话回来问询,嘱咐做好防范措施。出国,看到好的材料,马上想到如何配组……

一次去巴西考察获得了两个麦穗,他把这两个麦穗视为宝贝,在飞机上时早就把籽粒脱下来,用打湿的药棉包住放在塑料袋中,促使种子发芽。飞机在机场刚一落地,他就迫不及待地给吴荣林打电话,要他在实验室取出哪几个品种的种子促进发芽。从机场一回到扬州,家也没回就到了小麦室,把两地的种子一同播种,以便日后配组杂交。

院士是个香饽饽,各地都来请,程顺和反对搞形式主义,要做实事才行。金土地公司要建院士工作站,虽是自家人,程顺和依然约法三章,什么该做什么不该做说得一清二楚。山东、河南等地也来请,要搞院士工作站,程顺和说,这个字不是随便签的,要培育出育种材料来。有些的确是真干事的,程顺和也愿意合作,还是把丑话说在前面:干不好,协议自动失效。当下社会,诚信缺失,很多人办事前信誓旦旦,可事情办着办着说的话就变了,程顺和对此非常反对。

请他作报告的地方也越来越多,他要么推辞,如果答应了,一定认认真真地对待。人家一个PPT可以用好久,去不同的地方都用同一个,他不同,每次都详细问清对象,根据不同用途做选择,有时为了选择一张合适的图片要花费三四个小时,一丝不苟,宁愿不休息也要做好。他喜欢吸收消化新概念,然后加以利用,碰到不懂的一定要弄懂,找资料,打电话,甚至一个电话打到国外去,向同行请教。他说:"我写的东西必须自己清楚,对自己负责也对人家负责。搞科研的,自己都不清楚,怎么讲给人家听呢?"同行评价他:"程院士作报告是要听一听的,每次都有新东西。"老伴陈凤琳心疼他:"你都退休了怎么比不退休还忙呢!"他回一句:"科研路上无退休。"

3

程顺和常对学生们讲的一句话是:"任何重大的科技成果都是在科学理论指导下艰辛努力的结果"。这句话是他自己的切身体会,包含两层意思：成功需要正确科研理论的指导；更需要个人艰辛的付出。他经常告诫小麦室全体同志，小麦室今天的条件和成果是过去几代人脚踏实地的努力换来的，投机取巧或许得益于一时，但经不起实践和时间的检验。所以，年轻人要比学习、比业务、比工作质量、比进步，而不是比待遇、比享受、比虚荣。

当选院士的第二年春，程顺和拿出10万元，设立了一个程顺和奖励基金。这笔钱是江苏省农业科学院奖励给他的奖金中的一部分。2006年初，江苏省农业科学院奖励程顺和30万元奖金，税后拿到手是24万，程顺和将其中的1万元捐给希望工程，10万元设立科研奖励基金，其余的全部用于感谢常年奉献在农科所小麦育种的课题组人员以及长期支持小麦研究的人员，自己一分钱也没留。而他对自己的生活却不考究，保持俭朴的习惯，身上的衬衫磨破了领子，还舍不得丢。

对于自己出资设立科研奖励基金，程顺和说："设立这个奖励基金是为了鼓励科研人员的创新精神，树立一种风气，只要是做出了成绩、埋头苦干的人，都能获得奖励，不论是临时工还是干部。"第一次评奖时，程顺和推荐了小麦室的吴荣林和一个临时工，有人不理解，为什么要奖励临时工，程顺和说，因为她工作做得好，一丝不苟，但工资低。还有一位钴室的组长、一位水稻室人员也获了奖，他们都是做事非常认真的人。程顺和还想对镇江的一位同志给予奖励，有人提意见，为了避免矛盾只好作罢。每个获得基金奖励的人可以得到1万元奖金。程顺和说：不在钱多少，在于鼓励。这个奖励起到了很好的效果，后来，所里又为这个奖励基金增加了一部分资金。

程顺和办奖励基金，在一定程度上是受农科所老书记黄仆的感染。黄仆是农科所的老领导，20世纪50年代初农科所还是实验农场的时候，他就是场长，60年代任农科所书记。当年，老书记黄仆也曾把自己的钱拿出来设立过基金。他是老革命，泰兴人，抗战期间打鬼子，鬼子抓住他，往他鼻子里面灌辣椒水，他宁死不屈，非常顽强。20世纪80年代，黄仆看见程顺和在田里搞小麦选种，就建议他实验室不能建在路边上，灰尘太大，应该建到蜀岗上才好。程顺和没想到他不仅是老革命，还懂专业，不容易，让人感动。黄仆听说陈凤琳身体不好，路上看见程顺和,又把他叫过去说:"过来,你讲讲情况,我给你开个方子。"原来他还懂得一些中医。黄仆长寿,90多岁时去世,他曾经做了口棺材放在家里,可是那个时候已经不让土葬了,没用上,程顺和替他惋惜。程顺和说,黄仆是最令他受感动的人,虽是行伍出身,但懂得爱护专业技术人员,是个真正的好领导。

程顺和在位时也是一位好领导。小麦室的成就大家有目共睹,科研水平高,成果转化好,对科研的投入在农科所最高,工作人员的工资福利也最高。随着小麦室不断发展,人员越来越多,摊子越铺越大,课题越搞越多。私底下有人却说他自讨苦吃,都一大把年纪了,弄那么多事干什么?程顺和听到后只是笑笑,依然忙得不亦乐乎。

在退休担任小麦室顾问后,他没有顾而不问,依然是科研一线的战士,每个课题都亲自参与。他主动承担了国家基础研究"973计划",利用最新的理论技术来提高基层科研单位的研究水平,而且连出成果。

2006年"抗白粉病小麦新品种扬麦11号"获得江苏省科学技术进步奖二等奖;"小麦抗病生物技术育种研究及其应用"获得国家科学技术进步奖二等奖。紧接着,2007年,扬麦13获"农业部神农中华农业科技奖二等奖"。

"二月新丝五月谷,为谁辛苦为谁忙?"程顺和说:"小了说,是里下河农科所培养造就了我,我要用毕生精力为农科所服务;大了说,我今天的一切荣耀都是国家给的,我没有任何理由不为这个国家服务!"

4

2007年,程顺和有了一次和国务院总理温家宝面对面交流的机会,那次他谈了科技和粮食增产之间的关系,并与之产生共鸣。

那是一次关于产品质量和粮食安全方面的座谈会,程顺和在会上发言。

他说,2003—2006年,我国实现了连续三年的粮食增产,粮食生产主要依靠政策、人和天气。目前,国家鼓励种粮的政策已经非常到位，而气候又具有很大的不确定性，如果我们还要继续保持粮食增产势头，唯一能够依靠的就是人的努力。

程顺和以扬州地区的高产田为例，其每亩产量达到600千克，是普通田地的150%。现在我国年产粮大约为5亿吨，如果所有田地都发展为高产田，粮食产量就能达到7.5亿吨。即便2030年我国人口达到16亿人，也能完全满足人民的吃粮问题。而要扩大高产田面积，唯一有能力掌握的，就是加大农业科技投入、依托科技进步实现。

程顺和说，2003年我国农业总投入占农业GDP的比重只有0.4%，而世界最不发达的30个国家该比重也比我国高1/3，这两年，虽然农业投入有所提高，但相对农业GDP的比重还在持续下降，这说明我国对农业的投入严重不足！同时，中央有关部门在投入方向上，不仅要重视中央级科研机构，更要加大对地方科研机构的稳定支持，特别要关注经费从中央到科研人员手中的渠道是否顺畅。

针对继续深入推进农业科技转化工程的问题，程顺和认为，这是科研成果真正"下地"的"最后一公里"。从河南6个农业示范县看，通过运用高科技农业技术，平均每亩小麦增产达16.4%、12万户农民增收10%以上，足见科研成果切实转化对农业发展的重要意义。

程顺和在发言中引用了翔实数据、大量事例佐证和客观分析，这是来自基层农业科研人员的声音，引起了总理的共鸣。程顺和的发言刚刚结束，温家宝总理就指出，粮食问题非常重要，大家对此一定要高度重视，做好粮食工作是重中之重，并当即向随行的农业部部长询问当年小麦生产情况。

会后，程顺和在接受记者采访时感慨地说：温家宝总理的农业知识非常丰富！暖冬对粮食生产的影响、病虫害问题、干旱等问题都是一清二楚，说明总理一直对农业非常关注。有了总理的关心，作为基层农业工作者，唯有更努力地工作，才能不辱使命！

农业科学家的使命是什么？就是为国家的粮食安全提供保障，把中国人的饭碗牢牢端在自己手上！

那些年，中国粮食连年增产，而国际上却发生了严重的粮食危机和金融危机。程顺和在总结分析国际粮食危机的案例中得出结论：在天气等自然条件不确定的条件下，人的因素至为关键。而人的因素中，加大科研投入是首要条件。

在2004—2006年，主要粮食出口国澳大利亚连续数年遭遇空前旱灾，小麦出口锐减；加拿大和素有"欧洲粮仓"之称的乌克兰也发生了严重干旱，大面积农作物绝收；2007年，印度发生严重干旱，越南遭遇干旱、洪涝双重打击。世界粮食产量大幅下滑，粮食储备迅速下降。至2008年全球粮食库存达到30年来最低点，仅能满足全球54天的消费。在这次粮食危机中，全球除了原本挨饿的8亿人，各地挨饿人口又增加了好几亿，全球有37个国家因粮食短缺而发生骚乱，包括埃及、海地、喀麦隆等，骚乱造成大量人员伤亡，国家需要派出军队镇守粮库，有的国家甚至发生了政变。世界粮食价格飞涨，大米价格从2007年底的360美元/吨暴涨到2008年4月的1000美元/吨。而且粮食也不是有钱就可以买到的，所谓的"粮食换和平""粮食换石油"，都是不得不受制于人的交易。以此手段左右别国政治，连总统的任免都能操控。

在那次世界粮食危机的大背景下，中国农业却一枝独秀，自2004年以来粮食总产量一直保持上升态势。不过在2007年底中国为保住自己的饭碗，也加入了粮食争夺战，仅仅半个月时间，政府连下三道禁令：12月18日，宣布对粮食及制粉取消13%的出口退税；12月30日，宣布对粮食和粮食制品加征出口关税；2008年1月1日，宣布对粮食制粉实施出口配额管理许可证。

同样遭遇粮食危机，对发达国家和发展中国家的影响却有很大不同。发展中国家居民消费支出中粮食占比很高，如印度为30%，有些非洲地区则高达60%以上，粮价上涨使这些人口陷入粮食短缺的困境，国家经济遭受严重打击。而发达国家居民消费支出中，粮食占比很低，如美国只有10%左右，在宏观层面上，粮价上涨对他们来说甚至是有利可图的，农业跨国公司更是趁机大量获利。

全球爆发粮食危机，中国却因连续数十年将粮食安全放在经济发展首位而平稳度过，安然无恙，令全球刮目相看。在全球粮食危机背景下，2008年5月19日，联合国粮食及农业组织第27届亚太区域部长

级会议在北京召开，胡锦涛主席在开幕式上致辞指出：农业是安天下的战略产业！2008年7月，国务院常务会议原则审议通过了《国家粮食安全中长期规划纲要（2008—2020年）》，将粮食安全问题上升到战略高度，并订立具体目标，使我国粮食自给率稳定在95%以上。

早在2000多年以前，孔子就曾告诉他的弟子，粮食比军队更为重要。没有军队，国将不存，而没有粮食，则人将不存，没有人民，又何谈国家呢？

这次世界粮食危机，将"粮食安全"的国策提高到前所未有的高度。2008年，程顺和参加了《国家中长期科学和技术发展规划纲要（2006—2020年）》重中之重的16个重大专题之一——小麦转基因生物新品种培育项目，作为专家组成员，和研究人员一道讨论，开展了一系列论证工作。

程顺和说："品种改良永无止境。我一辈子的工作、一辈子的追求就是改良品种，让中国农民多增收、快致富。"他认为，要解决我国粮食安全问题，就要重视品种改良。必须在全国小麦产业技术体系的背景下去考虑构建我国小麦育种框架，凝聚全国专家搭建公共平台，创造上下游相结合的氛围和机制，提高育种效率等。

程顺和受聘担任江苏省人民政府参事，他及时向政府提出"厘清农作物良种补贴政策中两种操作形式的性质"的建议，这个提案被采纳，对促进良种推广，维持江苏作为我国优势弱筋小麦生产基地的地位产生重要影响。那年发生春旱灾害，他深入抗旱一线指导抗旱保苗工作，减少了灾害发生的范围和损失程度。兴化市因使用化学除草剂异丙隆后遭遇强降温天气而引发冻害、夏收时节又出现穗发芽等问题，程顺和立即赶赴兴化进行实地调研，提出可行性建议。为了让南方小麦被人们真正了解，程顺和又着手与敦文善、王龙俊等人合著编纂了《中国南方小麦》一书，这是我国第一部介绍南方小麦特色的理论与实践结合的系统性论著，填补了我国南方小麦理论著述的空白。

随着新世纪第一个十年即将结束，程顺和感到自己仿佛进入了冲刺阶段，事情越做越多，节奏越来越快，他已经完全不属于自己了。从2001年建立国家小麦改良中心扬州分中心开始，一鼓作气，接二连三，他承担了农业部弱筋小麦原种扩繁基地、江苏省小麦种质基因库、国家小麦现代农业产业技术体系遗传育种功能研究室的建设，将里下河所小麦室科研水平和能力提升到国家级标准。育种方面，从常规品种的选育，到特质突出的糯小麦、优质专用中筋、弱筋小麦的育成和食品开发；从国家"863计划"、"948计划"到承担转基因技术研究、南上北下"北纬33°地区高产优质多抗小麦新品种筛选试验"，与其他研究室、试验站相互协作，建立万亩高产示范点10多个……

2009年，时值中华人民共和国成立60周年大庆，程顺和被评为江苏省建国60年十大杰出科技人物；获得国家现代农业产业技术体系2009年度先进个人称号；2010年，程顺和当选为国家科学技术奖评审专家。

程顺和带领他的团队乘风破浪，在南方金色的麦海中领航，向着农业科研的新目标奋进！

第十六章 『南上北下』斗赤霉

1

在程顺和主持下,从2008年开始,国家小麦产业技术体系启动了"北纬33度地区小麦大面积关键增产技术研究"的课题。

北纬33度地区是我国小麦生产潜力最大的区域,种植总面积1.1亿亩,占全国小麦种植面积的30%,分布在苏、皖、豫、鄂、川5省,这一区域小麦栽培由于耕作方式粗放,生产条件落后,技术水平相对偏低等原因,单产在全国平均水平线上下徘徊。程顺和认为:这里光热资源丰富,降水量多,地下水位较高,提高单产有很大潜力。如果这一线的小麦产量提高了,将对我国粮食安全产生重大影响。

那么,提高这一地区小麦产量的路径在哪里?

程顺和带领他的团队去安徽、河南、湖北、山东,实地调查研究,查看环境、分析气候、研究土壤、了解种植历史,就像一个飞旋的陀螺,根本停不下脚步来。

小麦室现任副主任张勇在小麦室已度过20多个年头,有一个阶段,他担任院士的助手,跟着院士四处考察。孩子年纪小,某个星期天早上,搂着他的脖子问他:"爸爸你怎么星期天也不陪陪我?是不是不喜欢我?"张勇答复孩子:"爸爸工作忙,等忙过这阵子,就陪你去玩。"这样的承诺一说再说,孩子已经从小学升到了高中,听到的还是爸爸的老话,后来孩子对张勇说:"爸爸你不要再说了,等你不忙就该退休了。"张勇心里一酸,觉得对不起孩子。可看看院士,风里来雨里去,成年累月不顾家,心里也就释然。妻子平时也忙,难免心里会有抱怨,有次忍不住好奇地问张勇:"院士都那么大年龄了,整天东跑西跑,他就不累?该不会是你借院士的名义躲着我们娘俩吧?"一句话问得张勇哭笑不得。张勇对妻子说:"我也好奇院士哪来那么大精神呢?和他在一起,就没见他闲下来过,有时在飞机上别人都在闭眼休息,他却一刻不停在本子上记着什么,还时不时问你这问题,那问题,在他身边工作,就如同绑上了一架飞速向前的战车,想停也停不下来!"

小麦室相继与新疆、西藏、云南、河南、山东等地建立了合作关系,又与墨西哥、澳大利亚、美国、加拿大、巴西等国外的小麦研究机构建立了联系,不仅国内,就是国外科研院所试验基地的麦田中都留下过他的身影。不管在任何地方,只要有机会进入麦田,他就乐而忘返,用眼观察长势,用手检测性状,用口品尝滋味……他沉浸其中,不知老之已至,病之已起,他的生命能量在不断地透支,灌输到那无数的麦穗和无尽的麦田之中。

育种工作已经融入程顺和的血液,每次外出考察开会,只要看到性状表现优异的材料,他会立即两眼放光,千方百计征集到手,放入他随身携带的百宝囊中。倘若天气干燥或严寒季节,他会立即将茶杯里的茶水倒掉,将种子泡进去,用毛巾包裹起来。这样,回到单位后种子就能够更快地发芽生长,缩短研究周期。

这时期的程顺和满脑子是"北纬33度地区高产优质多抗小麦新品种筛选试验"的国家重大项目,经过多方实地考察,分析研究,他终于理清思路,提出了"南上北下"的品种改良方案,以长江中下游"南上"、黄淮片区"北下"的大品种为背景,用滚动回交培育适用33度线品种。

程顺和脑子里铺开了一张巨大的江淮地图。

他对他的团队成员说:"我们国家西边从秦岭向东边过去,到河南境内牛首山,再下去就是淮河,这条线年降水大概800毫米,向北低于800毫米,向南高于800毫米,长江中下游这里大概达到1000~1200毫米。农作物向北以玉米、小麦为主,向南以水稻、小麦为主。北纬33度线与这条线大致吻合,正好是北方南方的变化地带。小麦产业体系曾经对北纬33度线的栽培做过工作,北纬33度沿线水土资源丰富,适合小麦生产。事实上,湖南、湖北、江西、广东、福建以前也种小麦,但因雨水太多导致赤霉病严重,后来不种了。要让这些地方的农民种植小麦,就要培育出适宜这些地方种植的高产品种来。"

程顺和继续说:"山东、河南,包括江苏和安徽淮北地区,这些地方的品种丰产效果较好,而抗赤霉病性和抗穗发芽性较弱,有些年份

赤霉病严重时甚至颗粒无收，应该改良以后拿到北纬33度线使用，这就是'北下'；南方的品种表现抗赤霉病效果好，但丰产性和抗冻性有待提升，对此经过改良，也拿到北纬33度线去使用，这就是'南上'。北方品种拿到南方来，因为水土不服的原因，容易发赤霉病和白皮穗上发芽，解决了这两个问题，北方品种就可以到北纬33度线使用；南方品种需要解决抗冻和产量问题，要提高产量，籽粒要大，植株要矮化，北方风大，植株矮一些，抗倒伏能力也强。"

程顺和亮出了他的观点：采用滚动回交的方式，发扬原有品种优点，定向改造缺点，开展遗传标记聚合育种，针对黄淮片与长江交界"南上北下"，南北杂交。总之一句话，不管是南方还是北方的好品种，要把它改造成适合在北纬33度线使用的品种。

他不厌其烦地向小麦室的同事及弟子反复说明他的这一观点，逐步得到认同，并有意识地运用到实践中。

程顺和提出的"北纬33度地区小麦大面积增产关键技术研究"项目包括多个方面，有创新栽培技术、防治小麦病虫害、高效利用肥水等，其中，选育高产、优质、抗病新品种是提高小麦单产的基础工作。

然而，科学前行的道路上充满艰辛，理想很丰满，现实很骨感，不管是南上北下，还是北上南下，要培育出一个优质的小麦新品种需要时间的积累、反复实践和不断探索。

培育出适合北纬33度线附近使用的新品种要解决的第一个难题就是增强小麦对赤霉病的抗性！

2

小麦赤霉病又称麦穗枯、烂麦头、红麦头，小麦从幼苗到抽穗都可受害。主要引起苗枯、茎基腐、秆腐和穗腐，其中影响最严重是穗腐。赤霉病DON（呕吐霉素）毒素污染，食后会引起呕吐，又叫呕吐毒素，甚至会引起胎儿畸形、致癌等严重后果。玉米也会有赤霉病。国家标准是百万分之一，超过这个含量就算不合格，不能在市场流通。

2010年，程顺和去北京参加院士大会，在河北农田中发现了赤霉病，他心中一惊，以往多发生于长江下游的病害，现在竟然在北方也发生了。他立刻打电话回里下河农科所，提醒小麦室密切观察，高度重视。

其后，2010年、2012年、2015年、2016年，全国小麦赤霉病发生面积都超过了1亿亩。此病一旦发生便无良策，打药也不起作用。只能防，治不了。当天气多雨易发病时，就要提前防治，在小麦开花时打一次药，如遇下雨则需补打。

针对赤霉病，程顺和提出"中抗品种+药剂防治"的思路，扬麦5号与158都对赤霉病有中等抗性，在挽回损失方面起到很大作用。他还提出，针对日益严重的小麦赤霉病发生现状，将抗赤霉病遗传改良方法推广到黄淮麦区，甚至全国。

小麦赤霉病如同人类的癌症，至今依然难解。这或许同做家务有些类似，无论主妇多么勤劳，即使一天打扫三遍卫生，桌子上也总会落下灰尘。引发小麦赤霉病的真菌也像灰尘一样，只要条件适宜就会暴发，在麦穗和茎秆上生长。因此，每到雨季，乌云密布，雷声滚滚，程顺和的心情就会沉重。

程顺和将小麦室长期研究赤霉病接种中的菌液浓度、接种方法、接种生育期等问题，写成了《小麦品种对赤霉病抗扩展性鉴定方法的初步研究》，并建立起自己的抗性鉴定系统。

程顺和对助手张勇说："此事不能一时松懈，需长期坚持，日积月累，才会有收获。"

为了早日育出抗赤霉病的优良品种，程顺和采取走出去、请进来双管齐下的措施，提升小麦室人员的小麦育种能力。出国考察他带着下属年轻人一同出去，学习、交流，以期他们更多了解国外研究情况，拓展研究思路。同时，也积极邀请外国专家来扬州，与小麦室进行考察和合作。

农科所前任所长马谈斌是程顺和的老搭档，提起程顺和总是大拇指高竖：院士已经是近80岁的高龄了，但为了更好地获取国际育种上的先进经验，仍在不断自学外语，希望能够采众家之长，将小麦遗传育种带上一个更高的平台。

那年9月,程顺和再次赴墨西哥国际玉米小麦改良中心交流合作,拓展国内小麦种质资源,在小麦抗赤霉病方面争取相关国际合作,收获很大。

2012年12月,程顺和又访问巴西国家小麦与育种中心。巴西的赤霉病也很严重,专门开大会讨论赤霉病。程顺和应邀在大会上作报告,介绍了中国赤霉病的发生和育种情况,讲解自己的团队抗赤霉病的经验和方法。大礼堂中容纳了数百人,大部分是巴西的有关专家。在小麦抗性育种方面,巴西不如中国,程顺和的报告深入浅出、毫无保留,巴西专家听得很高兴。程顺和讲完以后,巴西研究所的所长同他握手,并朝他竖起大拇指,意思是讲得好。报告结束后,程顺和去他们的田里考察,见他们田里的小麦长势良好,很有看相,便提出要个麦穗带走,哪知巴西研究所的人员却连说"NO!NO!"程顺和只好一笑了之,由此也对巴西人的良种保护意识留下了深刻印象。

这时节,程顺和主持培育的扬麦16品种正在长江中下游麦区走红,已连续6年在长江中下游麦区被列为主导品种。比照扬麦158,扬麦16不仅增产8.55%,而对赤霉病的抗性也有明显增强,2014年更是创下了亩产672千克的地区最高纪录。小麦室人人欢欣,深受鼓舞,程顺和却高兴不起来,因为扬麦16对赤霉病只有中等抗性,虽然已是生产上最高抗性等级,但还不能完全抗击赤霉病。他担心如果遇上自然天气不好的年份,老天爷不给力怎么办?

学生们宽慰程顺和:"院士,小麦赤霉病是一个世界性难题,你不能指望一下子解决呀!"

的确如此,比尔·盖茨基金会每年都会给国际小麦玉米改良中心大笔资助,用于攻克赤霉病,但一直没能得到根本性解决。比尔·盖茨很不高兴,问为什么这么长时间没有效果。中心的科学家回答,小麦得了赤霉病就像人得了癌症一样,可以治疗,但无法彻底根除这种疾病,因为目前还没找到特别有效的治愈方法。

小麦赤霉病像一块沉重的石头,压在程顺和心里,压得他喘不过气来。

怎样才能攻克这个世界性难题呢?程顺和一直在思考。

3

20世纪70年代,针对赤霉病的防治曾经有过全国协作,苏麦3号有抗病性就是那个时候鉴定出来的,然而后来因种种原因全国性协作没能持续下来。

程顺和想:中国是小麦生产大国,在攻克赤霉病方面承担着义不容辞的责任,一个研究所的力量有限,能否通过全国性的协作来解决这一难题呢?

他将这一想法告诉江苏省农业科学院遗传研究所的所长陆维忠,陆维忠听后连连点头,表示支持:"好好,你来牵头,我们大家一起来做!"

"这是一个大课题,要请农业部来牵头才行!"程顺和考虑得长远。

陆维忠说:"对!对!现在是信息技术、分子技术等新技术蓬勃发展的时代,单靠几个科研单位单打独斗力量毕竟有限,应该集全国之力,搞协作攻关。我支持你!"

"好,我们一起促成这件事。"得到陆维忠的支持,程顺和更增添了信心。

不久,他在全国小麦专家会议上提出倡议,发起成立全国小麦抗赤霉病攻关协作组。当时国务院分管农业的是汪洋副总理,他想,如果协作攻关能得到国务院领导的支持将取得事半功倍的成效,于是他考虑给汪洋副总理写一封信。

程顺和是一个说做就做的人,在一个星光灿烂的夜晚,他坐在农科所三楼的办公室里,开始给汪洋副总理写信。

尊敬的汪洋副总理:

小麦赤霉病是由禾谷镰刀菌引起的一种暴发性流行病害,不仅造成大幅度减产,而且真菌毒素严重污染食品和饲料,威胁人畜健康(DON毒素,可引发人畜中毒,严重时可致死,被欧盟列为三级致癌物)。2000年以来,全国有9年赤霉病发生面积超过5000万亩,2012年达1.7亿亩。2008年随机调查来自全国10个省、市生产的74种小麦食

品，37种赤霉毒素含量超标；2010年全国10个主产省小麦的赤霉毒素平均超标率为15%。

我国小麦赤霉病20世纪主要发生在长江中下游麦区，以及东北春麦区东部和华南麦区。近年来，由于暖冬、降水增加、秸秆还田，赤霉病迅速向黄淮麦区蔓延，成为常见病、多发病，是我国粮食生产的一大隐患。

目前的应对策略主要是抗病品种结合药剂防治，但是药剂防治会污染环境，增加成本，因此，遗传改良成为全球应对该病的根本措施。我国于20世纪80年代开始进行了10余年的全国小麦赤霉病协作攻关，取得巨大进展，达到世界先进水平：江苏省农业科学院创造的单花滴注和土表病麦粒接种至今仍是全球应用的最基本的赤霉病抗性鉴定方法；江苏苏州农科所育成的苏麦3号是全球最著名的抗源；江苏里下河地区农科所育成的中抗赤霉病的扬麦158初步解决了大面积生产与抗赤霉病相结合的世界难题，推动了长江中下游的抗赤育种，是20世纪末我国种植面积最大的小麦品种。但是还远远没有解决生产上的赤霉病危害问题。在赤霉病暴发的2012年，黄淮麦区的品种几乎全部是高感品种，发病严重，药效微弱；长江中下游的中感到中抗的品种发病也较重，但药效明显；而苏麦3号等抗源不打药仍可过关。要使大面积的品种达到苏麦3号的抗性，是人类需要长期努力必须攻克的一大难题。因此，必须尽快重新启动全国小麦抗赤霉病协作攻关重大专项，以完全解除小麦生产中赤霉病的危害。

建议当否，请予指示！

程顺和

他在信的题头写下：《关于设立全国小麦抗赤霉病育种协作攻关重大专项》的建议，又在信封写上：呈汪洋副总理。

给汪洋副总理的信写完后，程顺和曾设想将信寄到北京，但他担心副总理日理万机，会看不到信，因而他将信装进他随身携带的挎包里，期待着有一个机会，能将这封信亲自交到汪洋副总理手上。

机会终于来了。

2015年2月9日,农业部组织"中国种业十大功勋人物"和"全国十佳农民"进行座谈,国务院副总理汪洋要参加。得到消息程顺和很欣喜,进京前他把给汪洋副总理的信带在身上。座谈会开始前,汪洋接见了相关出席座谈会的人员,程顺和将事先装在身上的信拿出来,递给了汪洋副总理,没想到汪洋副总理当时就打开信看了。座谈会开始后,汪洋举着信说:这封信是我才拿到,是讲赤霉病的,问题提得很好。座谈会后,汪洋将这封信批转给了农业部落实,韩长赋部长很快做出安排,将有关赤霉病防治的协作攻关的具体工作下放到里下河农科所,由程顺和具体负责。

得到农业部支持后,程顺和立即调配力量,展开全国性的赤霉病综合防控协同攻关。

4

下面一组日记是程顺和被病魔击倒前的工作记录,仅仅是针对抗赤霉病的部分,其他工作内容未列入其中:

2016年5月11—12日,赴河南农业科学院南阳小麦赤霉病鉴定基地,指导抗赤霉病育种技术;5月12日,为河南的育种家作小麦抗赤霉病遗传改良报告;

2016年6月17日,赴山东农业大学作报告,指导山东小麦抗赤霉病的遗传改良;

2016年8月6—7日,主持召开第二届小麦黄河论坛——小麦赤霉病抗性遗传改良峰会;

2016年8月23日,农业部种子局马淑萍副局长、江苏省种子管理站何金龙站长等来里下河农科所,听取程顺和关于"十三五"小麦抗赤霉病育种的意见和建议;

2016年12月20日,在北京国家农业科技创新联盟工作会议上,同南京农业大学丁艳峰副校长、大丰区农委王新华副主任签署区域性重大科技问题创新项目——小麦赤霉病防控协同创新项目;

2017年3月,中国农业科学院副院长万建民率团队赴扬州,与程

顺和讨论赤霉病问题，并就国家农业科技创新联盟小麦赤霉病防控协同创新项目进行部署。

由此可见，这一时期，程顺和将主要精力投入到了攻克小麦赤霉病项目上。

然而，这时的程顺和也在病着。就在他全力以赴向小麦赤霉病发起全面攻击之时，病魔也集中全力向他猛然袭来，猝不及防，给了他致命一击！

第十七章 壮士何惧生与死

1

清明时节雨纷纷，路上行人欲断魂。

这是2017年4月5日，清明节第二天的晚上。夜幕四合，细雨霏霏，小长假刚刚结束，许多人还沉浸在出游踏青、回乡访友的余兴之中。正当人们围坐在丰盛的晚餐桌旁闲话家常、叹息假期太短时，一辆急救车笛音急促、风驰电掣地行驶在扬州至无锡的高速公路上。

车内，医护人员密切关注着病人体征，低声讨论着什么。急救床上躺着程顺和，只见他面色苍白，双目紧闭，已陷入昏迷，因肺功能衰竭无法自主呼吸，生命全靠一套ECMO（体外膜氧合器）维持着体外循环，两根内插管分别置入他的颈内和股静脉鞘管，一管暗红色的血液从股静脉引出，经过俗称"体外膜肺"的装置进行氧合，转变为鲜红色的血液后，再从颈内静脉回注到他的体内。机器在床边呼呼地工作，节律的运动和声响令人神经紧张，这是一场与死神的赛跑，有人不时看着手表，计算时间，情况万分危急。

空中，电波频繁往来，南京、扬州、无锡三地医院；中国红十字会、中国工程院、江苏省农业科学院、里下河农科所……一条条联络电话与信息交织成一张看不见的网，互通病人情况、汇集医生诊断、研究治疗方案、寻找合适供体……这是一张救命之网，这张网迅速向全国相关单位铺开，打捞能够挽救院士性命的机会。

时间回到数天之前。

上面说到，2017年3月，中国农业科学院副院长万建民院士率团赴扬州，与程顺和讨论赤霉病问题，并就国家农业科技创新联盟小麦赤霉病防控协同创新项目进行部署。在此之前的1—2月间，程顺和因身体不适曾先后2次住院，但听到万院长要来扬州讨论赤霉病的消息，顿时精神大振，提前出院投入工作。那几日，开会、讨论、交流、深谈，程顺和完全忘记了自己身上有病。然而，等万院长一走，精神一松弛,他却再一次倒了下来。

3月29日晚上,程顺和因呼吸困难被再次送到扬州市苏北医院。此前,他曾多次因肺部不适而住院,都是有惊无险,因而家属相信这次也会平安归来。

然而这一次程顺和却没有先前的幸运,他已经轻视病魔太久,这次病魔卷土重来,没有再放过他——程顺和的病况以惊人的速度恶化了!

入院第一天,他吸氧后感觉不错,以为不久就能出院。谁知第二天病情急转直下,高流量吸氧也不能缓解他的呼吸困难。医生给出建议,要么转院去南京鼓楼医院,要么入重症监护室。

陪护的儿子将医生的建议告诉父亲,院士却有自己的想法,不想转院也不肯进监护室,因为一进ICU,手机就要被收掉,他就无法与小麦室和外界的人保持联系,文件材料也没法看了。护士一脸严肃:"您现在是治病,需要的是静养,手机我要没收了。"程顺和急了,他跟护士说:"我还有很多事情没有完成啊!抗赤霉病攻关协作刚有了些眉目;基地的小麦正在拔节,马上要孕穗抽穗,区试的材料不知长得怎样了……"

他还想和护士说些什么,却觉得喘不过气来,护士问他:"老爷子,生命重要还是工作重要?把病治好了,您才能更好工作呀!"

医生也郑重告诉亲属:"病人已79岁高龄,病情如此危重,现在老人急需的是安心配合治疗,不能再让他为工作的事操心了……"

第三天,病情再度恶化,程顺和不得不住进ICU……

第四天,呼吸机也不起作用了,不得不实施切管手术……

他的意识开始模糊,医院发出病危通知书。

他的生命似乎走到了尽头……

2

其实,程顺和这个病发现已经快有2年了,只不过那时他正在疯狂地思考如何攻克赤霉病,要做的事情太多,没有太在意而已。

2014年8月,程顺和接到西藏青稞基地的邀请,和江苏省农业科

学院、镇江农科所的人一起去西藏参加青稞品种审定。这是江苏省农林厅援藏项目之一,院士表示要支持。考虑到院士年高,张勇等从安全角度着想,建议不坐飞机,而是坐火车去,这样对高原反应有个渐渐适应的过程,程顺和同意了。于是张勇陪同院士先去北京,再从北京坐火车去拉萨。

这是程顺和第二次进藏。第一次是在2012年,里下河农科所与拉萨农科所开展青稞和小麦遗传育种合作计划,当时中国农业科学院副院长刘旭在拉萨农业科学院驻点。那次进藏,是由吴宏亚陪同,从成都飞到林芝,拉萨的人来接他,还带了红景天预防高原反应。林芝海拔相对低些,先在那里转了2天,适应后再从林芝到拉萨,过海拔5013米的米拉山口时就有了高原反应,走路飘飘晃晃的,但并无大碍。到了拉萨,中午吃饭时大家讨论吃什么,程顺和说既然来到了西藏,还是尝一尝当地特色吧。结果端上来一盘凉拌的牦牛肉,肉是生的,大家都不敢动筷子。程顺和看看大伙笑了:"你们怕我不怕,我先来吃。"说着就夹起一块牦牛肉吃了下去。大家看他吃得不错,才都跟着吃了。程顺和说:"我这个人好奇心重,看到新鲜玩意,吃的玩的,都喜欢尝试一下。"

如果说程顺和第一次去西藏的感受还比较轻松,那么第二次到西藏则十分凶险。

一路辗转,奔波劳累,院士有些吃不消了。火车过唐古拉山时,院士的腿抬不起来,路都没法走。但他想,进一趟西藏不容易,不能半途而废。结果,到拉萨后院士就感冒了。在高原感冒是非常危险的事,何况院士年纪大,身体弱,大家顿时紧张起来。

此时,吴宏亚在援藏,担任拉萨农牧局副局长。他立即找来拉萨人民医院的陈院长,陈院长是苏州人,也是江苏援藏干部。陈院长立即安排程顺和住院输液,并说,院士输完液后要马上离藏。吴宏亚便赶紧给院士订机票,可是等到输完液程顺和自觉病情有所缓解后,便不肯离藏了,他说这边的活动没有参加,连青稞新品种也没见到,所以不能走。硬是逼着吴宏亚把飞机票退了,坚持留下来开会并参加区试。那些天弄得吴宏亚与张勇提心吊胆,从会场到试验田寸步不离。

直到整个活动结束，院士离开西藏，两人悬着的心才放了下来。

这次进藏是一个导火索，从西藏回到扬州，程顺和明显感到身体不如以往，在张勇和新助手刘大同的劝说下，程顺和去苏北人民医院做了一次检查，检查发现肺部出现啰音。医生就问，你以前检查过肺部吗？他说，检查过，怀疑是患了肺部纤维病。

医生郑重地嘱咐：这个病目前还没有彻底治愈的方法，只能按时服药，多休息静养，才能得到有效控制。

按说这次检查应该引起院士警觉，注意平时休息治疗，可是一旦进入工作状态，程顺和便把病情忘到九霄云外。

从西藏回来的第5天，院士就让刘大同陪他去合肥参加小麦基因组学分子生物学大会，主办方特邀他在大会上作报告。回到扬州没能休息，紧接着，21日又乘高铁去北京开会。到北京吃完晚饭，院士不休息，关起门来改PPT，字斟句酌。那天晚上下起了雨，窗外风雨交加，电闪雷鸣，两人一直工作到凌晨2点，院士才说要休息。第二天早晨大雨已歇，窗外竟是丽日晴空，经过暴雨冲洗，北京的早晨格外清新洁净。刘大同去院士的房间请他去吃早餐。到了那里，他惊奇地发现，院士竟然还在修改报告稿。"您没睡？""睡了，才起来一会。""哎呀，我以为您一夜未睡呢！"

北京的会议结束后，8月23日，院士去河南栾川出差，接着24日又返回北京。26日返回扬州后，30日又再次去北京开会。刘大同回忆，自2014年跟随院士做助手以来，一直是这样四处奔波，连轴转，最长的一次他们在外面转了一个多月，跑了无数个地方。有一次他们先去北京开了几天会，在会上见到中国农业科学院副院长万建民院士，开完会到别处考察开会，最后又去河南看小麦转基因实验。20多天过去了，在河南那里与万建民院士又碰面了，万建民院士惊奇地问程顺和："你们一直在外面跑？"程顺和回答："是啊！"万院士很吃惊："这大夏天的，这么热，你这年龄吃得消？再说，你们的衣服是怎么换洗的？"

刘大同把陪同院士出差的时间、地点、内容都做了记录，还拍了照片，附了文字说明，做成工作日志。这份记录显示，自2014年8月

到2015年上半年，他和院士都是在出差、开会、加班中度过的。2015年，单是刘大同陪院士外出出差的日子就有90天，这还不算其他助手陪同的：

5月7—8日，在河南农业大学开会、参观长葛市小麦基地；

9—10日，在周口考察周口农业科学院试验田；

11—13日，在北京，参加中国农业科学院第七届学术委员会；

13—14日，在河南新乡出席全国杂交小麦联盟主办的现场观摩学术研讨会并发言；

15日，在河南商丘民权县郑麦观摩会；

16日，在郑州出席转基因生物新品种培育重大专项课题；

17日，在河北石家庄农业科学院参加小麦节水高产育种学术研讨会；

19—21日，在安徽考察；

23日，在山东省农业科学院考察小麦育种；

23日，由济南赴陕西，西北农林科技大学实地考察；

25日，参加陕西咸阳中麦895现场观摩会；

29—30日，到昆明，参加夏繁基地会议，检查工作；

30—31日，在红河州考察农作物病虫害生物防治；

6月1—2日，在河北石家庄农业科学院考察抗旱转基因小麦新品系现场检查；

2—3日，在郑州出席国家科技支撑计划课题验收会。

这样的工作节奏，年轻人都嫌紧张，何况是年近80的老人？可见程顺和这段时间工作有多拼！

那年9月，程顺和去南京，到江苏省中医院体检。江苏省农业科学院遗传研究所的陆维忠知道了，打电话给他说："我来看你啊？"程顺和说："不用不用，我就是来体检的，没什么大毛病。"陆维忠邀请程顺和到农业科学院去吃中饭，程顺和也想见见老朋友，顺便谈谈他关于小麦赤霉病的一些想法。吃饭间，陆维忠忽然感叹起来，对程顺和说："今天和你吃了这顿饭，下次不知道还有没有机会再一道吃饭了。"程顺和很奇怪，问他怎么了？陆维忠说："我得了肺纤维化，这个病很厉害的，人说不行就不行了。"程顺和不以为然地说："不会吧，我也有这个病啊。"陆维忠大为吃惊："你也有这病？那你要小心啊，这个病很严重啊，治不好的。"程顺和说："我这病怀疑都有几年了，没觉得有什么呀，真有那么严重吗？"陆维忠说："你这人呀，满脑子装的就是育种啊、赤霉病啊，我可告诉你了，得了这病真不能大意！"

吃完饭，二人分手时，陆维忠又叮咛一遍："刚才说的，你可要放心上，都这把年纪了，把赤霉病的事先放一放，好好去医院查查你自己的病！没有个好的身体，什么也干不成的。"程顺和看他严肃认真的样子，便点点头："医生也这么说，好好，我记住了，回头就再去医院查查。你也要注意噢！但是别忘了咱们说好的小麦赤霉病的研究。"陆维忠点点头："行，咱一块治病，也一块研究赤霉病，两个病一块弄！"程顺和就笑："好，一块弄！"然而回到扬州后，程顺和便把陆维忠要他看病的事放在了一边，那么多事在等着他，日程排得满满的，他早已把陆维忠的嘱咐忘得一干二净。什么肺纤维化，他根本没把这个病当回事。

3

转眼又是一年。

2015年9月，国际谷蛋白协作会议在澳大利亚召开，向程顺和发来邀请，并请他作大会发言。对这个会议程顺和非常重视，他要在会上介绍中国小麦的品质，特别是弱筋小麦的特点，以及中国小麦消费的情况。为了总结中国小麦消费数据，程顺和多方调查、翻阅资料，馒头、面条、面包、糕点，各种消费的总量和比例，一一落实。为什么要总结这些数据呢？因为中国小麦的生产，必须根据各地居民不同需求落实生产。程顺和收集了很多小麦标本，又让助手去市场上购买不同的馒头品种，什么高庄馒头、小脚馒头……又托人从泰兴带来烧饼，从安徽带来枕头馍，从河南带来锅盔。收集到这些东西以后，他带着刘大同和刘健等人作报告的PPT，他们把馒头等各种面点切开，拍照，观察切面的孔隙与紧密度等，并作记录分析对比。程顺和写中文，助手配上英文。为了实现无障碍沟通，程顺和决定用英语作报告，还特地请专业人士来辅导，之后，又请张伯桥、高德荣他们过来试讲试听，大家讨论分析，对内容不断修正。如此精益求精，前后忙了3个月时间，才完成报告。

万事俱备，只待出发。然而，临出发前，程顺和却生病了，浑身疼痛，神疲力乏。张勇等建议他放弃此行，他摇摇头，老毛病不碍事，我能坚持。到了9月11日那天凌晨4点，陪同出行的张勇、张晓祥和刘大同到院士家中去接他，这时程顺和发着烧，陈凤琳苦劝他不要去，但他带上药，还是上了车。陈凤琳手把着车门还在劝，程顺和却朝助手们示意出发。车子在陈凤琳充满忧虑的目光中开动，渐行渐远。从扬州赶到南京禄口机场，临上机前，程顺和实在挺不住了，无奈之下不得不放弃此行，让张晓祥与刘大同先飞澳大利亚。谁也没想到，一天过后，程顺和身体稍觉好转，又催着张勇给订票，打算再次启程。第二次赶到禄口机场，病痛再次来袭，低烧造成关节疼痛难忍，腰不能直，腿不能站，浑身冒冷汗，不得不再次退票。

他在病痛中仍惦记着在澳大利亚的刘大同和张晓祥，怕他们人生地不熟跑错了路，不断与澳大利亚会议主办方面的人联系，请他们给予帮助。

刘大同至今还保存着院士发给澳大利亚方面的信息：

2015年9月11日 22∶27 "静娟好！张晓祥你认识，高而胖；刘大同，戴眼镜，去年新来的植物学博士，我的助手。劳驾你了，谢谢！程顺和"。

2015年9月13日 11∶16 "武军好！感谢您给我去贵校介绍中国弱筋小麦和探讨今后合作的问题，但因原因不明的低烧造成全身关节剧烈疼痛，今晨去机场前第二次退了机票，我想让助手刘大同博士上台去讲一讲，适合吗？今后有机会定要去拜望您，谢谢！程顺和"。

2015年9月13日 11∶40 "静娟好！感谢您给我去贵校介绍中国弱筋小麦和探讨今后合作问题的机会，以及多次热情接待，欢迎烟花三月下扬州！原因不明的低烧造成全身关节剧烈疼痛，无赖（奈）今晨去机场前第二次退了机票。我考虑让助手小刘（刘大同）上台代我讲一讲的可能性。今后将争取机会拜望你们，谢谢！程顺和"。

那边，刘大同与张晓祥到了澳大利亚，一切顺利。但会期临近，如果院士真的来不了澳大利亚，那怎么办呢？这次报告可是院士带着他们花了3个多月时间完成的。

正在刘大同担忧之际，院士作出决定：由他代表院士作报告。刘大同担心讲不好，想说不，但他开不了口，因为不能再让院士忍受身体病痛，遭受远行之苦。程顺和对他说："别怕，讲稿内容你都参与了，在国内试讲时你都在场，由你代讲，我放心！"于是刘大同答应下来，他在心里一遍又一遍温习发言内容，但有个别地方的读音、语速拿不太准，为确保万无一失，他向爱人求助。房间里上网太贵，他跑到酒店大厅去与爱人视频，在视频中不断地反复练习。到了会议召开的前一天，程顺和又给主办方打电话，委托参加会议的何中虎老师给予关心和指导。第二天上午，在近百名各国专家面前，刘大同代表院士上台宣讲了报告。发言结束后，会场上响起热烈的掌声。

当时在澳大利亚有两个会议，一个在西澳，一个在东澳的悉尼。开完谷蛋白协作会议，刘大同与张晓祥前往塔斯马尼亚去考察当地小麦，此时他们接到院士通知，院士将飞往朗赛斯顿与他们会合。两人分外高兴，赶紧去朗赛斯顿机场迎接，当看见院士那熟悉的身影向他们走来时，两人心中竟有些激动，颇有他乡遇故知之感。

因为行程关系，程顺和在塔斯马尼亚做了短期逗留，并考察了那里的小麦育种。他非常喜欢塔斯马尼亚，那是位于澳大利亚南端的一个岛屿，靠近南极。岛上地理地貌十分多变，中部是辽阔的山脉，西部是蛮荒之地，东部则是平缓起伏的谷地，有富饶辽阔的牧场与麦田。青青牧草如碧绿的毛毯在大地上铺展，牛羊成群，悠闲吃草，天空辽阔洁净，云阵壮观。这里有徒步者的天堂摇篮山，群山岩石裸露，灌木丛生，野花盛放。也有令人心动的海边小镇，火焰湾巨大的岩石上生长着橙红色地衣，与晶莹透亮的海水相映，一半是火焰一半是海水，给人强烈的视觉冲击和意象碰撞。小岛与大陆若即若离，景色大气磅礴却又温馨宁静，苍凉中带着生机，这里的人都很悠闲，仿佛与世隔绝。或许正是这种与世隔绝的氛围，带给程顺和一丝宁静，让他疲惫

的身心得以暂时歇憩，忘却了病痛，他才会如此喜爱这个小岛。然而这样的机会实在太少、太少了。

4

长期的身体透支后，是病来如山倒的严峻现实。程顺和不得不正视疾病。

学生刘健回忆：2015年后，程院士出现明显体衰症状，每到下半年就容易感冒，但他依然闲不下来。2015年10月间，两院院士大会在北京召开，开会期间，程顺和找到同为中国工程院院士的钟南山问病。钟南山院士是中国著名呼吸系统病学专家，因在"非典"中的杰出贡献而为国人熟悉和敬佩。钟院士建议程顺和去广州好好检查一番再作诊断。12月，程顺和去广州做了系统性检查，并取了肺部组织化验。钟南山院士下诊断书时，在"特发性肺纤维化"旁边打了一个问号。他建议程顺和吃一种叫尼达尼布的药，平常多做呼吸操。

2016年10月后，程顺和病情加重，出差才少了一些。后来程顺和开始拉肚子，上楼就喘、咳，走到科研所三楼的办公室要歇好几次，咳得厉害到面红耳赤，好像供氧不足一样，有时会咳出血丝来。大家都劝他在家休息，不要来了。他不听。

2016年下半年，程顺和再次去广州复查，旧年的那个问号去掉了，确诊是肺纤维化。钟南山院士对他说："你这个病很厉害，大意不得，千万要注意，休息为主。"

程顺和点点头："我也感觉身体大不如前，但我现在正在研究小麦赤霉病的问题，要我一下子停下来，在家喝茶养花，那比要了我的命还难受。"

钟南山望着程顺和，郑重地说："科研项目是永远忙不完的，尽量交给年轻人去做。你这个病目前还没有特效药，只能是静养，留得青山在，不怕没柴烧，你还是要保证你的身体健康为主。"

壮士何惧生与死，只是还有许多心愿未了。倘若生命真的进入倒计时，那我更不能停歇前行的脚步，我要加快科研的进度，与死神争夺时间!

程顺和对老伴和助手封锁了医生对他的告诫,依然全身心地投入到原有的科研工作计划中……

此刻,程顺和躺在扬州市苏北医院的重症监护室内,面目狰狞的死神正在向他逼近……

农科所时任所长肖鸣祥和小麦室主任高德荣得知程顺和病重的消息,急匆匆赶到医院探望,他们怎么也没想到程顺和的病情发展得会如此迅速,两日不见,程院士仿佛像换了一个人,暴瘦,虚弱,意识模糊,而几天前他们还在一起交流下一步的科研计划……

所领导和家属迅速将院士病重的消息上报扬州市相关领导。市长张爱军、副市长余铤立即发来短信:全力以赴做好程院士的抢救工作……

当天晚上,副市长余铤就赶到扬州苏北医院,调动各个方面的力量对院士展开救治。南京鼓楼医院、无锡市人民医院都派来了医生,很快成立起了专家小组。专家小组针对程顺和的病情进行会诊,得出的结论是:程院士的病耽搁太久,现在只剩下双肺移植一条路了。如果家属同意,立即转送无锡市人民医院做双肺移植手术。

为什么转无锡?用时任无锡市市长汪泉的话说,无锡有"三宝",除了灵山大佛、惠山泥人,还有一个就是无锡市人民医院的陈静瑜医生。陈静瑜带领的团队,肺移植技术精湛,成功率高,国际闻名。

无锡市市长汪泉回复扬州:抢救院士,无锡全力配合!

急救车呼啸着飞向无锡。茫茫黑夜中,未知前途上,病魔猖狂肆虐着。程顺和早已昏迷不醒,人的生命在呼吸之间,但他的肺已不再工作,全靠ECMO支撑,命悬一线。

然而,作为79岁的老人,虽然确定了双肺移植的治疗方案,但究竟能否在短时间内找到合适的肺源?手术能否成功?能否闯过这道鬼门关?一连串的问号,没人能够回答。

夜色深沉,只有雨在下!

据说人处于濒死之境时,精神意识会飞离肉身,穿过一条幽暗的隧道,往昔的一切会移形幻影般飞速掠过,历历在目。

第十七章 壮士何惧生与死

此刻，院士似乎也穿行在一条幽暗的隧道之中，但他的深层意识在拼命抗拒着！

我已发下斗赤霉病的诺言，现在还没完成，所以，我不能死！我不能死！……

5

一道光出现，朦胧的白色的光线，驱散黑暗。

撕裂黑暗的不是光，是不住颤动着缓缓张开的眼睑。随着视野扩大，光亮也充满了，他醒了，脑子里一片空白。视线中有一些物体，模模糊糊看不真切，有一些影子在晃动，不知道是什么。一片寂静。

这是什么地方？怎么来到这儿的？来这儿干什么？我……我是谁？？？

程顺和醒了，却像进入了另一个梦境。时而明白时而糊涂。那些晃动的影子，看久了才发现是些人影，他们发出嗡隆嗡隆的声音，似乎在对他说话，可他怎么也听不清，他想说些什么，可连嘴都张不开，也说不出，气管被切开了，他想动动手，双手都被缚住，脚也是，他毫无办法，只能直挺挺地躺着。

隔着重症室的玻璃，他至亲的人在望着他，但他不知道。被隔离的不仅是身体，还有他与自身思想的连接。我是谁？这个问题困扰着他。

医生护士不时在他身边忙碌着，检查脉搏、心跳、呼吸，性状渐趋良好，恢复平稳……

就在昨夜，确切的时间是2017年4月10日凌晨2点半，历时近6个小时的双侧肺移植手术顺利完成。程顺和被推出手术室，送进ICU病房重点监护。因麻醉作用，他仍处于昏迷状态。当阳光穿透晨雾，照亮病房外花草上露珠的时候，他从朦胧中醒来了！

作为一位79岁的老人，换了双肺，与死神擦肩而过，这实在是难得的好消息。

陈凤琳第一时间在扬州家中接到无锡打来的电话，经过十几天过山车般的悲喜煎熬，陈凤琳的神经已十分脆弱，听到这个消息，她百感交集,喑哑着嗓子说:"好!好!"

医院里,主治医师陈静瑜情不自禁地在微信群里发红包以示庆祝,并发微博:"真心不容易!可以说是近年来我们肺移植创造的奇迹!"

似乎冥冥中程顺和就与陈氏有缘,陈凤琳、陈道元、陈静瑜,都是他生命中不同阶段的贵人。

眼耳鼻舌身意,感官之根在渐渐康复,医护人员的面容与声音逐渐清晰,直到有一天,有人在他眼前晃了晃手,问他:"这是几?"他辨别出一个准确的数字,病房里顿时充满欢乐气氛。他们开始在笑着说话,声波鼓荡着,像隔着水波传来的,是的,水波,那条家门前的小河,他无数次在河中游泳,童年、母亲、兄弟、师长、麦田……记忆的溪流一股又一股汇入脑海,脑叶半球如大面积停电后恢复电力供应的一样,照明成片亮起,他发现自己就是那个光着屁股在夜晚的青石板街上奔跑着寻找妈妈的孩子,那个在南京农学院林荫道上四处打量的大学新生,那个顶着烈日在试验田里检视麦穗的育种人……

医生自问自答地对他说:"知道你在哪里吗?"

他听见了,眼睛动了动,却无法回答。

"这是无锡人民医院。你现在做了手术,换了双肺,恢复得很好,你很棒,加油!"

他猛然明白,啊!自己还活着!虽然每天动也不能动,等着医生护士来照顾、清理鼻孔、除痰、挂营养液、接呼吸机,浑身疼痛,吃大量的药……

只要活着就有希望,就能看见麦田,看到麦浪……

半个月之后,来探望的人还只能隔着玻璃看他。因为翻身不便,医生给了他一面镜子,可以折射看到门外的人影。他的胳膊和手瘦得皮包骨头,撑不起一面镜子的重量。

忍受病痛折磨的日子无比漫长,他用意志力在支撑着!

20天后,医生对他说:允许你的一位亲属进来探望,只能是一位,你最想见谁?他脑海里浮起的第一个影像竟是毛头,自己的孙女儿毛头(程婧晔)。孙女曾和他相约,报考遗传育种专业,将来接他的班!

医生事先警告他:你千万不能激动。他点点头。孙女儿来了,来

到他的面前，轻轻地喊了一声爷爷。一声呼唤，震颤心头，见到毛头他根本就无力控制自己，眼泪止不住地往外涌。爷孙俩泪眼相看，他的血压一下子飙升到220，把医生护士吓坏了。他怎么能不激动呢，他是在阴曹地府走了一遭转回来的，在人生的岔路口上，他险些就与他的亲人们走散了。

爷爷见到孙女想说的第一句话是："你那篇论文有没有发表？"

他喉咙里插着管子，说不了话，他接过孙女递过来的笔和纸，歪歪扭扭写下了这句话。

程婧晔看那纸上的字，这是爷爷的字吗？像是神奇的天书。不过心有灵犀一点通，不用猜她也知道爷爷想问什么。因为她今年考研，报的是和爷爷一样的专业！她要从爷爷手中接过接力棒，在小麦育种的道路上一直走下去！

小麦室每天有人在医院值守，程婧晔进去前，他们给院士带话，你告诉你爷爷，说扬麦16报奖成功了！他们知道这样说院士听了会高兴。程婧晔附在爷爷耳边，轻轻地告诉了他。程顺和听后点点头，他知道扬麦16的抗性比其他品种好，沿着这条路走下去，就一定能战胜小麦赤霉病！

整个2017年的春天，程顺和都在无锡市人民医院的病房中度过。那年夏天，他第一次缺席小麦室的麦收大忙，里下河农科所万福基地第一次没见到他忙碌的身影……

紧接着是秋天，冬天，又是春天……

尾声　春到百合园

1

诗仙太白一首《送孟浩然之广陵》,将"烟花三月下扬州"的佳话传唱了千古,也让春天的扬州成为人们的神往之地。经历了一年的等待,2018年3月,在得知程顺和院士出院的消息后,我们踏着春光,再赴扬州。

春天的扬州千媚百娇、玉兰含苞、迎春盛放,金黄的油菜花开遍原野,空气中弥漫着清新的花香,在一个宁静的午后,我们走进东方百合园,来到程院士的家中。

正是院士午休起床时间,里面房间传出整理衣服的声音。在等待的间隙,我们看见桌上有一张服药、进餐时间表:

每天早上5点半就要吃药,上午需服4次7种药,下午2次5种药,另外三餐饭前半小时要服吗丁啉,饭后要服枇杷露……

里间的门开了,缓缓走出来一位老人,瘦削体弱,须眉皆白,步履有些蹒跚,头戴一顶长舌帽,身穿衬衫外罩深色棉夹克。这就是我们仰慕已久的程顺和院士了。我们从进门时遵从护工嘱咐已戴上口罩,也没有跟院士握手,向他欠身行礼问好。院士请我们坐,又吩咐护工倒水。宾主在沙发上相对而坐,开始交流。

院士开口就说:"非常感谢党和政府,感谢医疗单位,若不是他们竭尽全力救治,我也就没有了。当时情况非常紧急,再迟一天我就没有了。当时家庭、单位、领导、同行、同事都为我着急,为我想办法,从上到下,组织专家队伍、运输、抢救……从我内心来说,非常感动。扬州市委谢正义书记2018年春节来看望我,我说我好多了,非常感谢党和政府的关心!非常不容易,这个要珍惜。每个人都要珍惜生命。"

与我们想象中风风火火的形象不同,院士说话声音轻柔,语速缓慢,态度和气友善,大有雅士之风。最初的陌生感消失后,进入采访问答,一谈到工作,他的声音明显有力得多,语速也加快了,尤其令人佩服的是他记忆力非常好，回顾近80年人生历程，提到的人名、地名、时间、事件，都很准确。

院士谈兴甚浓。我们之前有过约定，为了不影响他的康复，每天只在午后采访2小时，但每次到了一定时间我们劝他歇一歇，或2小时后准备告辞时，他总是一再挽留，还说："你们不要怕，没关系的，再谈一会儿。"我们担心他过于兴奋和劳累，再三告辞才能离开。

2

程顺和自2018年春节前从无锡市人民医院返回扬州后，便一直居家养病。

双肺移植，不能再有半点差池！

程婧晔同爷爷可谓祖孙情深，从她的回忆和描述中，我们看到了程顺和少为人知的另一面。

程婧晔说："爷爷对我影响很大，印象最深的有两件事。一是从小要求我学英语，二是教我学游泳。爷爷意识很超前，从我上幼儿园开始，他每天花10分钟教我学习英语，教音标和单词。爷爷的英语发音很准，我的英语从小学起几乎每次考试都得满分。小时候看爷爷学英语，非常认真，他的背心有很多口袋，他在口袋里面装一沓纸条，用夹子夹着，纸条上写了单词，他每天都会写一些新的单词放在口袋里，没事的时候就拿出来背、记。看到他那么认真学习英语，我觉得特别感动。爷爷爱好锻炼，长跑、游泳一直坚持。他对我说游泳一定要学，我小时候每天被逼着去瘦西湖旁边露天游泳池里学游泳。去之前爷爷让我先看视频，分解动作，讲述要领。那时跟我同龄的人没有几个学英语学游泳的。我游泳进步很快，在泳池里，人家都夸我泳姿标准。英语和游泳这两样都很有用，让我终身受益。"

随着程婧晔的讲述，我脑海里出现祖孙俩学英语的画面，须知，院士学英语是半路出家，现在的他竟然成了孙女学英语的楷模。再次印证那句话：有志者事竟成。

程婧晔很健谈，她继续说：爷爷对我真是好。小学五六年级的时候,爷爷要求我:这么大了,该一个人去学校了。不让家里人接送。刚开始我很害怕,后来快到学校时一回头才发现,爷爷一直在后面默默地跟着我。爷爷会在家里开家庭会议,大部分都是关于我的事情。每次家庭会议内容他都会写到一张纸上,现在那个家庭会议的记录纸叠起来已经很厚了。什么事情爷爷都想在前面,给我规划人生,可以比别的孩子少浪费很多时间和精力。妈妈原先在城郊种子公司工作,后来自己开了一个眼镜店,在我将要进入初、高中的时候,爷爷让妈妈把店关了专心照顾我学习,他来资助生活费。我初一时候去过东澳,大学时去美国访问交流,爷爷都全力资助,他说一定要有国际化视野,鼓励我出去长见识。

我上大学时候,爷爷就鼓励我,要多参加活动,要当学生干部。后来我当了学生干部,慢慢培养自己为人处世的能力,感觉自己情商比以前好了很多。在这些方面和专业学习方面,爷爷给我指点了很多,我是班里的学习委、团支书。因为学生工作做得好,被评为江苏省级优秀学生干部。

学习遗传育种专业,搞小麦,都是受爷爷的影响。从小爷爷就带我去试验田,教我认小麦、大麦。看见爷爷这么厉害,近距离接触到他的一些工作,我对科研也产生了兴趣,立志从事农业。扬州大学农学专业强,我的老师徐成武教授搞统计学,年纪很轻就当教授,很厉害。我的志愿是自己选的,爷爷很开心,每次我从学校回来,或者他从外面出差回来,跟我谈话都是谈专业知识。我们爷孙俩哪怕打电话都一打几个小时,有好多话可以说。

程顺和把全部希望都放在了孙女程婧晔身上,隔代亲,他希望孙女能继承他的事业。

在程婧晔的记忆中,奶奶是贤内助。她说:从我记事开始,奶奶每天都会在爷爷回家之前做好饭,让他回来就能吃到热饭热菜,不要他为家务烦神,一心搞科研就行。以前大家都住在一块儿,奶奶的教职工宿舍,80平方米的平房,中间有一个很小很小的天井,房子隔成了5间房,住着爷爷、奶奶、爸爸、妈妈和我,还有叔叔。后来换了房子,几家分开住。爷爷当了院士以后工作越来越忙,经常出差,奶奶一人在家，子女们轮流回来陪奶奶。爷爷每次从外面回来都提前打电话给奶奶，奶奶总是把东西给他准备好，葡萄都剥了皮等他回来吃。奶奶特别爱爷爷，爷爷也很爱奶奶，他们两个人的爱情我很羡慕。但是我也不愿意像奶奶那样做贤妻良母，为家庭牺牲事业。以后找对象，希望对方能为我的事业多付出一些。

说到最后一句，程婧晔调皮地笑了。

3

春天的百合园，花儿正盛开。

程顺和每天在百合园那百多平方米的几个房间里转，或者到阳台上去，看看小区花园里的景致。虽足不出户，他心中却牵挂外界，看得见基地试验田中随春风起伏的碧波麦浪，听得见小麦拔节的声音。小麦室的人开玩笑，说应该在院士406室的几个房间的门上贴上"育种圃""鉴定圃"等标签，那样他在房中转起来心情可能会更好。

程顺和出院回家休养后，曾想赶快找到江苏省农业科学院的老朋友陆维忠，告诉他手术成功的消息，希望他也能够做手术，可是怎么也联系不上。打手机都是忙音。问家里人，农科所有没有陆维忠的消息，都说没有。后来他把电话打到了江苏农业科学院办公室，才知道陆维忠已经去世了，程顺和听到消息半晌无语。事情发生在程顺和在无锡住院的时候，大家怕影响程顺和养病的情绪，就瞒着没告诉他。陆维忠是无锡人，比程顺和大一两岁，两人都干小麦育种这一行，因为搞赤霉病研究弄在一起，见面有谈不完的话。两人又患了同一种疾病，而且是陆维忠最早向他提出了警告，要他注意自己的病情。听到陆维忠去世的消息，程顺和非常难过，喃喃地说："唉！说好一起看病，一起弄赤霉病的，你怎么就提早走了呢！"

陆维忠的去世，给程顺和心里蒙上了一层阴影。他觉得自己虽然双肺移植成功了，但身体变得脆弱了，他现在是跟病魔争抢时间，总想着把自己关心的几件事情做出些眉目来。老伴陈凤琳对他说："你这条命算是捡回来的，但你不能再像以前一样拼了，你现在的任务就是

安心静养,不能再糟蹋自己的身体。"儿媳妇在一旁说:"没有用的,等爸的病稍微一好他就又忘记了。"

开春后,程顺和果然忘了他是个病人的事,他瞒过老伴,收了一个研究生。

陈凤琳问他,听说你收了个研究生?程顺和忙说:"没有没有,我这个情况门都不能出,还能收研究生?"

陈凤琳半信半疑。

高德荣来看他,程顺和对高德荣说:"现在我时常感到眼睛痛,腿脚没有力气。大家都劝我,你都这个样子了还干什么?我知道干不了什么,但我脑子还好使,脑子动起来是不由自主的。趁我脑子好使,你帮我找个研究生啊!现在有手机,有电脑,在网络上就能指导啊!我脑子多活动活动,对身体恢复有帮助呢!"

高德荣表示理解,说院士你事情不能急,养病第一,工作第二。

程顺和说:"我也不想急,可我这身体能撑多久谁都不能保证。我办公室里存着七八十年代扬麦及其他品种的材料,都摆放得整整齐齐,装在干燥器里的种子,十几年后都可以发芽。大部分人当它是垃圾,我当宝贝。改良全球小麦品种,要有好的亲本材料、好的基因型,才能创造更好的变异。所以我特别注重收集材料。这个工作是要用心来做,如果可以再让我活几十年,这些东西都是有用的。我只能说争取活得长久些,但自然有其规律,美好愿望只是愿望。我想过未来的工作规划,我干不了的话,可以通过我的研究生让他按照我的意图去做。"

高德荣连说:"对!对!干活的事交给我们,你吩咐就行!"

程顺和又说:"我愿意招研究生,是希望有人能把扬麦系列好好地研究一下。我与小麦是前世有缘,国内国际,几十年干下来了,想做事,个性如此。"

程顺和与高德荣商定,要研究扬麦"超亲"的原因。扬麦是几个外国品种衍生出来的,比原来的四个亲本都要矮,成熟期要早,产量大,抗病性好,千粒重大。因而程顺和希望有人在ABD三个基因已经测序的基础上,把扬麦"超亲"的基质研究出来,有利于小麦品种的改良。

小小的房间果然关不住院士的思想。

4

这天吴荣林又来探望，程顺和又和吴荣林聊起品种改良的事来。

他说："品种改良，说到底就是一句话，创造变异，选择变异。创造变异有定向变异，按照人类需要来做，比如基因编组和转基因；选择变异是自然和人工相结合。9000多年前小麦出现在中东一带，它本来是野草，人们发现了它，把它的种子撒在住处附近，驯养。种了以后把好的拔下来，再种，这是人工选择。后来又有人把不同类型的植株进行杂交，对其后代做不同类型分离。这就是选择变异。全球小麦种植面积最大的是中国、印度、俄罗斯，单产我们中国最高，总产量也高。平均产量美国190多千克/亩，澳大利亚100千克/亩，中国约400千克/亩，欧洲排在我们后面。但我们的总量还是有些问题，因为我国人口多，成本也有问题。我曾有一个大胆的想法，就是到西伯利亚去承包土地种春麦，那个地方寒冷，可以只种一季，但土地面积大，土地多可以降低成本。"

如此奇特的想法，令吴荣林听得目瞪口呆。

程顺和继续说下去："小麦会变异，种种就不行了。怎么办，就要不断进行品种改良。你先前跟我做的工作就是选择变异。你把200个小区提前到9月底播种，这样材料就能早点长起来，寒潮来的时候自然会冻死一些，那冻不死的说明它就有抗冻性。这就是自然选择。然后你发现田里苗发黄或者有病的就把它除掉，最后在这块地里面灌上水，有的会被淹死，存活下来的就有耐湿的基因。这就是人工选择。自然选择和人工选择就是一个优胜劣汰的过程。这种传统的育种方式不能丢，你还要继续干下去。不能因为有了基因育种、分子育种等现代育种技术就把传统育种丢了。"

"你也老了，但还是要干！"程顺和指着吴荣林说。

吴荣林站在院士坐的沙发背后笑着说："干死为止。"院士竟听见了，回头对他说："我还没有死，你跑到我前面，这个不能容忍。"

我们在一旁听着笑起来，对院士说："的确不能容忍。"

表面看去，院士说话风趣，性情温和，但在他温和的外表下，有一股执拗而坚定的潜流。是身不由己？还是乐此不疲？难以分辨。生命的奥秘似乎在于有一个目标，令你把整个人生、所拥有的一切和毕生每一天每一分钟都奉献给它。最重要的是，它是一件永远不会完结的事，一条无尽的道路。

他的名字也仿佛预示了这一点，程即道路，顺是向着一个方向，这条道路通向何方？通向"和"，禾是五谷，禾旁一张口，就是解决吃饭的问题。人人有饭吃，天下才太平。程顺和，顺农本，和民生，他生来就是要为世人解决吃饭问题的，他注定要走上农作物育种之路。如今，他已在小麦育种这条路上走了近一个甲子，历经寒暑风雨，而未来的路，仍将延续，令人期待。

春天的风不断敲打着406室的窗棂，阳光从窗口倾泻而入，扑在凝神伫立着的程顺和身上，沿墙而置的盆花开得分外艳丽，但远处的田野才是他向往的地方，那从五洲四海刮过的季风，带来遥远的信息和古老的歌谣："禾役穟穟，麻麦幪幪……后稷之穑，有相之道……诞降嘉种……"

后 记

2023年岁尾，程顺和院士的助手刘大同先生从扬州打来电话，告诉我程顺和院士的传记将由中国农业科学技术出版社出版，这是一件值得庆贺的事情。院士从事的是小麦育种专业，他的传记由中国农业科学技术出版社出版顺理成章。我甚至设想，这本传记出版后能成为全国农家书屋的入选作品，端上农民的精神餐桌。

说实话，这本书是我迄今所有出版的传记作品中从采访到出版时间最长的一部。大约是在2017年秋季，由江苏省文联副主席刘旭东先生推荐，托江苏省农业科学院领导的厚爱，约请我为程顺和院士作传。但不凑巧的是，接受任务后准备开始采访时，却得到院士早在当年4月就因病住进了无锡人民医院的消息，院士做的是双肺移植手术，对养护要求极高，性命攸关，自然不方便接受采访。但江苏省农业科学院领导希望早点出书，所以，那年的国庆节，我和青年作家安然走进江苏里下河地区农业科学研究所，开始了外围的采访。江苏里下河地区农业科学研究所的领导非常支持，特意请刘大同先生协助，联系程顺和院士的同事、亲属、学生、知情人等，致使采访进行得十分顺利。

然而，外围采访结束后，程院士因病情仍不方便接受采访。直到2018年3月，院士从无锡回到扬州家中，病情基本稳定，才得以采访到程院士本人。程院士需要特别的护理，所以对他的采访断断续续。对我们每次采访提出的问题，程院士总拿一个小本子或者纸条记在上面，然后再回答。有时他会陷入深深的思考，我们便在一旁静静地期待，任凭他在旧时的岁月中翻找那段记忆。或许是长期从事科研形成的习惯，程院士的回答总是那么条理清晰，逻辑严谨，思维并不因病情而受到影响，这让我们从中感受到了程院士内心的坚强和一个科学家严谨的态度。

程院士传记的初稿是在2018年底完成的，在等待院士审阅期间，我撰写的常州今创集团创始人俞金坤的传记《金色乾坤》在2019年初春问世，因而我曾期待着程院士的传记能在2019年年内出版。没想到一等就是5年。5年磨一剑，值得回味。

　　而今，这本传记终于进入出版程序了，其间刘大同先生做了大量协调沟通工作。初稿完成后，与程院士的联系皆由他完成，不但协助程院士完成对传记的审读，进行事实、文字校核等，还约请业内的相关人士召开座谈会，进行专业审读，以求精益求精。在此深表感谢。

　　要感谢的还有江苏省农业科学院的相关领导和汪恒英研究员，她对本书的出版给予了深切的关注和无私的帮助。

　　当然还要感谢青年作家安然，是她协助我做了大量深入细致的采访工作，录音、记录、整理，收集相关专业资料，她甚至买了许多小麦育种的专业书籍进行专业知识的学习，防止说外行话。她的敬业精神，让我深为感动。

　　在我坐下来静心写这篇后记的时候，想的最多的还是程院士，他温和的笑容总在我眼前浮现。为他作传，虽是上面的布置，他也确实曾想就此机会总结一下自己一生的得失，就此理理思路，再从容前行。可天不遂人愿，病魔在最不该出现的时候出现了，以致打断了他科研的脚步。值得庆幸的是，院士康复良好，用时间书写着生命的顽强，也在创造着生命的奇迹。我曾询问程院士近况，刘大同说，虽不再带研究生了，但仍然关心着所里的小麦育种和扬麦的每一个进展。

　　出版前，我又重读了一遍这部程院士的传记，想不到竟被自己书写的文字感动，这部传记文字虽朴实无华，但从程院士身上我却感悟到人生的价值和意义，也领悟到大自然的辽阔和深邃。人类正是在同大自然的亲近中，不断地探索发现着大自然的规律，接受着大自然无私的馈赠，从而创造出人类更高级的文明形式，完成灵魂的升华和洗礼。人活着的意义，就要为人类社会的进步奉献出自己的一份光和热。

徐良文
写于2024年1月30日夜